Hi, Historical Recor

史记来了！

司马迁带你读史记

大梁如姬 /著　李玮琪　李娅 /绘

㊣肆 秦朝、西汉 ❶

海豚出版社
DOLPHIN BOOKS
中国国际传播集团

目录

秦朝

秦始皇　中国历史上第一个皇帝，养生诈骗集团的精准目标。

李　斯　赶不走的外来务工人员，为秦国统一立下大功，最后在残酷的政治斗争中被灭门。

陈　胜　不甘心当雇农的打工人，爱说金句的演说家，中国历史上率领农民起义第一人。

吴　广　陈胜的搭档，起义前夕之神秘事件的重要策划人和执行者，擅长学狐狸叫。

项　羽　武力超群的楚霸王，各路反秦起义军的老大，最后败给了智商情商双高的刘邦。

秦始皇 **❶**

第一个皇帝的诞生

关于秦始皇的身世和故事，我在前面的篇章大概勾勒过一些。他是秦庄襄王在赵国当人质时生的，算是个"质二代"。别人是质子，他都是"夸克"……呃，是"质孙"了。十岁那年，他爷爷秦孝文王走后，他老多当上秦王，他也顺利结束了人质生涯。十三岁时，他爸爸也被祖宗召唤，他就此成了君临天下的秦王。

当上秦王的第九年，二十二岁的他完成了成年仪式——加冠，佩剑。虽然这会儿他还没有变成始皇帝，但"我的地盘听我的"，在《秦始皇本纪》中，我还是按他最骄傲的称呼来叫吧。古人一般二十岁办成年礼，君王因为要管国家大事，通常还要更早一点儿，始皇算已经延迟很久了。这都是因为，秦国这会儿被太后的两个老相好嫪毐和吕不韦把持，摁着不让他"成年"。

　　说到这儿就触发了新的历史进程，刚刚亲政的始皇呼吁"拿了我的给我交出来"，一连收拾了这两个家伙，实现了真正的君临天下。之后的十多年里，秦国一键加速灭国计划，张开大口把邻居一个个吞进了肚子里。

　　秦王政二十六年（公元前221年），秦王统一了天下。完成这一步后，秦王膨胀八百斤，找丞相和御史大夫等重臣发表重要讲话，大吹特吹自己的能耐，话里话外的意思是，"王"这个称号已经配不上今天的自己，要大家再给想个响彻宇宙的名号。

　　丞相王绾（wǎn）、御史大夫冯劫、廷尉李斯先是拍了一通马屁，然后找当时的移动图书馆博士们商量，看古书上都是怎么说的。大家发现，上古的时候有所谓"五帝"。不过，五帝干的好像也不过就是周天子那种活儿，领导明显瞧不上。又往前找啊找，听说更远古的时候还有三皇，分别是天皇、地皇和泰皇，其中泰皇最尊贵。那不如，就给领导取尊号叫泰皇吧。

　　秦王政一听，觉得"泰"字没啥新意，咱只要"皇"字就好，再从五帝里把"帝"拿来，合称"皇帝"。

　　领导亲自定调，中国历史上第一个皇帝就此诞生。有了新头衔，始皇很兴奋，但心多的他转念又想到周朝创的那套谥号法，瞬间垮脸。前面说过，谥号都是臣子给天子总结一生，评论词里还有带贬义的，这怎么行？臣子议论君王，这不是把君王的威严都给降低了吗？那就取消谥号，用数字排列吧。他是始皇，后面的子孙就是二世、三世、四世，直到万世，都由序号代替。可见，这会儿的始皇还没考虑修仙事业呢。

　　说到这里，我很想跟始皇老人家说一句抱歉，他对名号的改革只成功了一半，"皇帝"是被我们大汉延续下来了，但"一世、二世"这种奇怪的说法没人要。我们走的还是被点评的那套谥号

体系。而且，秦朝二世就把自
己玩完了，好像不太吉利，谁爱
用谁用吧。

　　名字改好，始皇又开始修改意识形
态，想按照之前齐国人邹衍推行的那套金木水火土的"五德"理论，
也把秦朝往上套。这套理论一发明，很快就成了热门学说，我来
简单科普一下是怎么回事吧。

　　金木水火土是五行，五行有相生相克的规律，不过当时大家
只用相克这一套。相克是这样的：水可以浇灭火，水就能克制火；
火可以熔化金属，火就算克金；金属做的斧头能砍断树木，金克
木；树木扎根土壤，破土而出，木克土；土可以掩盖水，土克水，

这样就形成一套循环。把五行套到王朝里，就叫五德。每个朝代都有一个所属的德，下一个取代它们的王朝，属性就是克制它们的德行。

始皇认为，周朝是火德，所以，取代它的秦朝就是水德。需要注意的是，这套法则是人定义的，解释权自然也在人手里，大家可以随时改变。

意识形态定义完，始皇又完成了度量衡的统一。以前各国一尺的长度都不一样，车轮的间距标准也不同。大概是因为秦国人想统一六国，始皇之前共有六代君王为此而努力，所谓"奋六世之余烈"，始皇也很推崇"六"这个数字。所以，秦朝人的符节、头上戴的法冠，车子的宽度，驾车用的马匹数量，通通都用六寸、六尺、六匹这些数字规范。

虽然说新朝新气象，但秦朝的官员大半辈子都生活在战国时代，所有的风俗习惯、所见所闻，都是战国的模式。丞相王绾看着这么大的天下，重新提出了分封。他的理由也很简单，燕、齐、楚这些地方都离秦朝核心区域很远，刚刚被灭的他们肯定也不甘心，说不定什么时候就会起来搞事情，不如把皇帝的儿子分封过去管理。始皇有点儿心动，交给大臣们开会讨论。

大多数人都觉得很合理，只有李斯不同意。远的教训不说，前面的周朝就是最好的反面教材，他们一开始分封的都是文王和武王的至亲，等时间长了，亲属关系远了，那些人就不再和王朝一条心，慢慢变成了独立的国家。如果秦朝接着玩分封，最终又会是一次春秋战国，又需要另一个秦朝来完成统一。始皇一听，说得好有道理，会说话你就多说点儿。

李斯于是顺势提出了郡县制。所谓郡县，就是把全天下的土地划分成多少个郡，每个郡管多少个县，一共两级行政区划。每个郡县再由朝廷派遣信任的臣子去坐镇管理。当然，这些人也不会和战国的封君一样，在一个地方一待就是一辈子，否则，时间久了也相当于在培养土皇帝。所以，郡守都有一个任期，多少时间内就会被调动。

就这样，大臣们对着地图，把天下像切蛋糕似的划定成了三十六个郡。这就是秦朝的整个版图，也是秦始皇前半生的工作成果。

去就有序，变化有时。

——《史记·秦始皇本纪》

译文 （治理国家）取舍要参照天道秩序，变化要选择合适的时机。

博士在中国古代是个官职

现代人的最高学位是博士，代表在官方学校里某一科目已经学完，接下来可以自己创造了。这个学位并不是现代生造的词，而是出自中国古代。战国时期，六国就有博士。不过，此时的博士不是学位，而是个官职，代表其在某一个特定技艺里具备了一定的专业度，朝廷就征聘他们来给学子们教授相关课程。

中国古代有各行各业的博士。汉武帝开太学，里面设置有五经博士，专门教授儒家经典。后来历代都有博士，职能划分也越来越广，音乐、医术、天文等方面的人才，都能获得各专业领域的博士官职。

秦始皇 ❷

老神仙，带带我

秦始皇作为第一个皇帝，我当然要给足他排面。今天我们继续看秦始皇的另外一部分人生。

完成第一个小目标的第二年，始皇二十七年（公元前220年），始皇开启了全国巡游，检视自己的大好河山。他的足迹遍布天下，可能也就比我差一点点。始皇旅游也和那些不文明的驴友一样，喜欢到处刻字。每到一个地方，他都要让人找块石碑写点儿东西，夸奖自己统一天下的伟大，声称在始皇的治理下，人民生活得很幸福。

当然了，作为始皇帝，他给石头刻字自然不是不文明行为，每一块碑刻都注定要变成珍贵的文物。

经常游览自己的江山，会有什么感想呢？想当年，齐景公登上牛山，望着富庶的临淄，当场就忍不住嘤嘤嘤了：这么好的齐国，这么快乐的生活，可是为什么人会死啊？如果始皇跟我一样喜欢读历史，他肯定要为齐景公点一百个赞。拥有一切的人，怎么会不眷恋人间呢？

正当始皇望着一片大海心里烦，有个叫徐市（fú）的人胆肥心大，想来诈骗千古一帝。徐市邀了几个人一起去给皇帝送祝福，还带来了一则"好消息"："这片海域中间有三座山，分别是蓬莱、方丈和瀛（yíng）洲，上面住着仙人哟。请伟大的皇帝打钱，我带上童男童女去找神仙，帮您求长生不死的药。"作为海边的齐国人，徐市对著名的海中"仙山"多少有点儿"研究"，他的话在始皇眼里很有说服力，赶紧下诏书找了几千个童男童女，跟着徐市去求仙。

有了徐市的成功骗钱案例，诈骗集团盯上了始皇这个冤大头。什么卢生、韩终、侯公、石生等民间修仙的人纷纷找来，说可以

　　找到不死药，始皇一概表示"我，秦始皇，给你打钱"。毕竟，多一份力量，多一份希望。

　　等走到上郡，出海求神仙的卢生回来了，始皇满怀期待地接见。访求神仙当然是没有结果的，但为了保证后续资金不断，卢生想了点儿招。他说自己见到鬼神的踪迹了，还找到一本神书，书上写了一句话："亡秦者胡也。"始皇一听，这还了得？我大秦是要千世万世传下去的，怎么能被灭亡？胡，自然是北边的胡人，为了消灭潜在威胁，三十万秦军出塞打匈奴去了。

　　第一个"信息大礼包"并不能算求仙的成果，卢生还得再编点儿故事忽悠始皇。他说，他和几个求仙小分队找灵芝仙草和神仙，一直找不到，感觉是冥冥之中有什么在故意阻挠他们。话还没说完，始皇心里咯噔一下，难道是老神仙不愿带朕玩？差点儿暴风哭泣。但卢生很快又给了他安慰：仙方里说，君王要把自己藏起来，不能被恶鬼看见。避开了恶鬼，真人才会来。所以，陛下你以后睡哪里，不要让任何人知道哟，人多神仙就不来了。

　　始皇忙问，真人是什么人？卢生解释说，真人站在水里衣服不会浸湿，被火烤都不会感觉热，能腾云驾雾，寿命跟天地一样长。

始皇听得直冒星星眼，表示自己好羡慕真人。而且，听到真人这个名号，始皇觉得"朕"都不香了，宣布以后自称"真人"。

始皇被诈骗集团忽悠得团团转，但皇帝一行动，倒霉的还是底下人。为了不让别人知道自己晚上睡哪儿，始皇提了个刁难建筑工人的要求，把咸阳两百里地内的二百七十座宫殿从空中连起来。这就类似于在空中修一条路。即便是这样，始皇也不可能完全隐身。有一次，始皇看见丞相李斯排场很大，脸部表情转阴，结果下一次李斯就收敛了很多。这很明显就是有人把皇帝的心思泄露出去了。始皇大怒，查了半天无人承认，于是，当天跟随的人全部"棺材一抬，人间白来"。

见始皇做事如此随心所欲，侯生和卢生有点儿瑟瑟发抖，躲起来私聊，聊天记录我也为你们破译了。两人先是一起吐槽始皇的缺点，汇集起来就是两点：残暴，动不动就取人脑袋；盲目自信，啥事都自己说了算，接受不了自己错了。这二者加起来，就没人敢劝他点儿什么，只能让他在骄横的路上一路狂飙。说到这里，两人又背诵了一下秦朝的律法："一种方术（求仙、炼丹的方法）不能有第二次试验的机会，只要一次不灵验，就要被处死。"两人对视一眼，心意相通："不能为他求取不死药。"说完手拉手一起远走高飞了。

前前后后给了他们无数资金赞助，却被说成这样，始皇又委屈又生气，差点儿原地爆炸，当场发通稿为自己正名。他说卢生他们是在诽谤自己，自己明明对他们很尊敬。而且，他尊敬会修炼的人，把他们招来重用，是想要让国家太平啊。这逻辑的意思是，只要他长生不死，天下就一直是他的，秦朝永远不会倒闭。

那么，卢生和侯生是恶意抹黑吗？始皇刚辩解完，就开始践行卢生他们指控的残暴，把咸阳城的儒生和有各种技艺的方术之士抓起来审问，让他们互相检举揭发，只要举报了别人自己就能活。最后，一共四百六十多人被找出来活埋，当真有点儿讽刺。这件事和之前始皇一把火烧掉各国史书和民间藏书的事，被总结成了一个典故，叫焚书坑儒。

皇帝手上大多都不干净，但始皇实在是有权任性，在随心所欲的路上走得太远。所以，身边伺候的人一个个都龟缩着不敢吭声，远方只能靠听说的人也对他充满恐惧，不是搞个大动作的刺杀，就是偷摸画个圈圈诅咒他赶快谢幕。这些人，除了身上背负血海深仇的六国贵族，也有不少普通人。我给你们举例感受一下。

始皇三十六年（公元前211年），有颗陨石坠落到地上，老百姓抓紧机会在石头上造谣，刻上预言性质的"始皇帝死而地分"。这又把始皇气得五脏六腑挨个疼，然后派人挨个审问，可愣是没找到始作俑者。这当然难不倒暴怒的皇帝，一声令下，就给陨石附近的村民集体送去投胎。他暴虐杀人，百姓怨恨开始诅咒，他气得进行人口清理，愤怒的百姓继续偷偷摸摸搞小动作……形成

了恶性循环。

这年秋天，又有艺高人胆大的人开始宣扬"今年祖龙要死"的消息，听得始皇都没脾气了，当场抑郁。他很想抓住最后一根救命稻草，于是又去了一趟原先齐国的琅邪（láng yé）郡，等待徐市的好消息。徐市花了很多钱，啥也没找到，也怕始皇怪罪，只好继续编故事，说蓬莱确实有神药，但海上经常有鲨鱼攻击，咱到不了啊。始皇心说，这还能难倒本真人吗？派军队去杀鱼。随后，果然有一条大鱼倒了霉。这下徐市没有借口了，只好继续扬帆出海。

然而，老天没给始皇时间了。第二年，熬不住的他死在了路上。凡人、真人，或者九五之尊，谁都无法违背生物的特性。但天子们还是想给自己一个念想，或者说，一个痴人说梦的贪念。比方说，我家的皇帝武帝也是始皇迷弟，半辈子都在寻仙问道……嘘，这一点我只敢在这里说。

始皇为人，天性刚戾自用。

——《史记·秦始皇本纪》

译文 始皇这个人，天性固执，听不进别人的意见，只相信自己。

赏析 刚戾自用是一个成语，与刚愎自用是一个意思。最开始，"刚愎"是个评价人的常用词。早在《左传》里，伍子胥的祖先伍参评价晋国某个大臣时，评语就是"刚愎不仁"。后来的《韩非子》《三国志》对人都有类似评价，有时候说人"刚愎好胜"，有时候说人"刚愎贪戾"。总之，用上"刚愎"这个贬义词，后面跟着的也绝对都是不好的意思了。

史记小百科

徐福建立了日本？

徐市就是著名的徐福。他曾经几次从山东出海，为秦始皇求仙问药，但都无果，最后一次干脆没再回来。民间有很多关于他的传说。有人说他真的找到了仙山，已经飞升了。还有人说，他出海到了日本，带着童男童女在那里定居，成了日本的创建者。这些说法有没有根据呢？《后汉书》和《三国志》中都记载着徐福确实到了倭（wō）地，也就是日本一带。至于日本是不是他建的，那就是历史迷案了。

中日文化联系曾经十分紧密，很多日本人都熟读中国史料，对徐福到了日本的说法，不少人深信不疑。后来，裕仁天皇的弟弟三笠宫崇仁还曾亲口说："徐福是我们日本人的国父。"

史记文学·小课堂 — 人物刻画

外貌描写让人物更生动

《史记》中有不少对人物外貌的描写。这些文字直观地描绘出人物形象，使人物显得更加生动立体。古代没有相机，没法拍照片和视频，司马迁是怎么知道历史人物都长啥样的呢？

有的是根据别人的描述。比如秦始皇长着高高的鼻梁、大大的眼睛、老鹰般的胸脯，说话的声音如豺狼一般。这段描述来自秦始皇手下的谋臣尉缭。有的是根据画像，比如张良长得像个漂亮姑娘。也有少量人物是司马迁亲眼见过的，比如李广是个大高个，双臂像猿猴般修长。其他没有留下任何文字和图片资料的历史人物，司马迁就只能根据人物性格，结合人物的处境，脑补出他们的外貌形象了。

李斯

从小县励志青年到三族"消消乐"

　　不知道有没有名人说过，如厕进行时也是人类智慧闪耀时？反正我对此很有体会。蹲坑这种无聊又漫长的活动时段，我总会用来思考问题，不少写文章的脑洞都是这么开出来的。秦朝丞相李斯也是一个被厕所改变命运的人。

　　李斯原本只是楚国上蔡县的一个小吏。某天，忙完手头工作的他刚走进厕所，一只老鼠被惊得慌不择路，拼命逃窜。老鼠和人类共存那么久，李斯也没当回事，释放完就去巡查粮仓。结果才推门进去，又见一只肥硕的老鼠正聚精会神地享受着大餐，像在自己家一样，毫无顾忌。"硕鼠硕鼠，无食我黍（shǔ）"，李斯想起这首诗，念头一转，有了更深层次的思考。

　　同样是老鼠，待在厕所的偷吃点儿又脏又臭的东西，还要畏首畏尾，高度警觉，一旦有人靠近就吓得狼狈乱窜；而躲在粮仓的却吃着囤积如山的粟（sù）米，那么悠然自得，人来了也不怕。它们的差距在哪里？

平台！李斯得出了这个结论。厕所里的老鼠，无论灵敏度还是努力活着的决心，都绝不低于粮仓里的老鼠。可因为它俩平台不一样，就注定了不同的待遇。同理，一个人即使每个细胞都洋溢着才华，但如果待在小地方，没有好的平台，本来能翱翔宇宙的，最终也许只能扫大街。想到这里，李斯悟了，甚至觉得这两只老鼠就是上天派来给他指引人生方向的。

李斯就此立下小目标：做鼠就做官仓鼠，做人要做人上人。

所谓知识改变命运，李斯听说春申君门下的兰陵令荀卿先生堪称百科全书，赶紧前去拜师学艺。荀卿就是荀子，孔老夫子的著名传人之一。如果说荀子是名师，李斯就是高徒，才学了几年，荀子就给他发了结业证书。

李斯要"下山"了。他拿出世界地图仔细研究了天下的七家"大公司"之后，根据排除法，选了西方国家——秦国。

刚到秦国时，李斯投靠在吕不韦家。初次面试后，吕不韦认定李斯非池中之物，破格提拔他到自己身边。作为丞相，吕不韦经常要入宫见秦王，讨论国际形势。在一次高级会议时，贴身谋士李斯逮着机会插了句话，让秦王眼前一亮。从此，李斯在秦王面前也是个有姓名的人了。之后，李斯经常给秦王出主意，混到了客卿的身份。客卿是秦国授予国外引进人才的高级官员职位。

正当李斯在秦国混得风生水起之时，一位在秦国当间谍的韩国人想拖垮秦国的阴谋暴露了。秦国土著本来就很讨厌那些外来户进来分蛋糕，逮着这个机会就拼命说他们坏话。秦王觉得有道理啊，那就把所有在秦的外国人都赶出去吧！这就是著名的"逐

客令"。李斯也在被赶之列。

大部分人都无奈地收拾东西准备圆润地滚了,李斯一边卷铺盖一边满心不服,大脑飞速运转进行头脑风暴。想着想着,李斯把收好的竹简重新铺开,提笔写了一篇著名的长篇散文《谏逐客书》。

说是书,其实就是一篇小作文。文章里列举了从春秋秦穆公到战国的秦孝公、惠文王、昭襄王时外国人才为秦国做的贡献,百里奚、蹇(jiǎn)叔、商鞅、张仪、范雎这些名人一个一个被点名。他们的成功说明什么? 秦国历来就是个包容性很强的大国呀! 同时,秦国的建设也离不开外国人。如果人才都被赶走,他们就会投靠敌对势力,这完全是自毁长城,甚至是给敌国送建筑师啊。

秦王收到信后,又觉得还是李斯说得有道理,连忙撤回了先前那道命令。也正是这个举动,让秦国又向前迈进了一步。在秦国人跟外国客卿的配合下,秦国吞并了其他六家"公司",完成了一统。不久,李斯也升级当上了丞相,终于成为一只躺在官仓里吃大餐的老鼠。李斯在这里开枝散叶,生了一群孩子,孩子们也都跟王室联姻,全部变成了"新秦国人"。

如果故事就这么结束,李斯的人生堪称完美。然而,人总是难保自己的晚节。

天下一统后,宅久了的始皇爱上了自驾游,经常出游全国各地。始皇三十七年(公元前210年),始皇游到了赵武灵王被饿死的沙丘这个地方,不知道是不是赵雍想找个伴儿,刚进沙丘宫,始皇就病情加重,然后一命呜呼了。

始皇死了,谁当秦二世? 这还真是个问题。因为,始皇一生没立皇后,也就代表他没有嫡子。而后来走上求仙之路,怕死的

始皇既杜绝别人讨论他的身后事，也没亲口立过太子。所以，谁是接班人，真让人头大。

根据我的考察，据说，始皇死前曾下令把大儿子公子扶苏叫回来主持丧礼。没有嫡子立长子，倒是也符合继承习惯。而且，主持丧礼将老父亲入土为安的，基本就代表是继承人了。但奇怪的是，始皇生前并没有多喜欢扶苏，反倒是一直把小儿子胡亥带在身边。后来的事，很多人都知道了，秦二世就是这位胡亥。

他是怎么登上皇位的呢？我又有一则小道消息。传说，这都是始皇身边的中车府令赵高搞的鬼。赵高知道公子扶苏看不上自己，生怕噩运降临的他采取了紧急自救。他先找到公子胡亥，劝他即位，然后又亲自出马拉拢丞相李斯，打算杀了公子扶苏和他的铁粉，来一招瞒天过海。

李斯答应没有？答案是肯定的。不过，一开始李斯其实是坚定拒绝的。赵高反复找他拉锯了五六个回合，一次一次地洗脑，一次一次地砸中心坎，终于把李斯也吓怕了。最终，他们一手遮天，扶苏被迫自杀，胡亥当上了新皇帝。

胡亥刚上台就公开表示：我当皇帝就是来享受的，像尧舜那么辛苦，像大禹天天回不了家，有劲吗？没劲！如果君王连享受都学不会，还有啥心思治理天下？

皇帝想当甩手掌柜，主动把自己关进了小黑屋，赵高乐得顺势接下权力，隔绝了宫内外的消息。无论是臣子给二世打报告，还是二世下命令出来，得到的都是赵高转发的二手消息。赵高的权力达到了巅峰。身为丞相，李斯还想挣扎一下，但赵高没给他机会，把李斯一家全定义成了造反派。内外消息传递的错位，让二世根本不知道发生了什么，反正，把自己捧上台的赵高总不会害自己吧？于是，二世大方地给李斯来了个灭三族服务。

那天，李斯和二儿子一起被拉到咸阳街头问斩。李斯无比懊悔，如果只是做个小县青年，不当官仓硕鼠，命运应该就不同了吧？李斯对儿子说出了人生最后一句话："吾欲与若复牵黄犬俱出上蔡东门逐狡兔，岂可得乎？"我想和你一起，牵着咱们家的老黄狗，再去上蔡的东门外打一次猎，追逐身手最敏捷的

狡兔，难道还能办得到吗?

　　当然没有机会了。人生所有的路几乎都是单行道，只能一往无前。从他踏上赵高这条贼船，未来的结局就已确定。想下船，对不起，偏航了，再也靠不了岸。

　　太山不让土壤，故能成其大；河海不择细流，故能就其深。

——《史记·李斯列传》

译文 泰山不挑剔各种小碎石，因而它能拔地而起成为那么大一座山峰；江河湖海不会看不上细小的河流，每一条汇入它们的，都敞开怀抱接纳，所以才能那么深远。

赏析 这是李斯《谏逐客书》里的句子。山海都是因为包容才高大宽广，同理，一个国家也只有海纳百川，黑猫白猫共存，才能完成大业。

　　这句话可以用来劝诫人们心胸宽广一点儿，把格局打开。

间谍为秦国修了个世界遗产？

韩国派了一个叫郑国的人去秦国当间谍。郑国想拖延秦国吞并六国的速度，就给秦始皇提建议，说是要在秦国搞水利工程，方便灌溉和交通。他们打的算盘是，如果秦国把人力都拉去搞水利工程，自然就没那么多人力投入战争了。

可是，在修建的过程中，秦王发现了郑国的间谍身份，大怒要杀了郑国，还对外国人下了"逐客令"。郑国用水利工程的巨大功效求饶，最终，经过漫长的十年，郑国真的修出了一条长达三百多里的水利工程。为了纪念他，秦国人把这个工程取名"郑国渠"。2016 年，郑国渠申遗成功，成了"世界灌溉工程遗产"。

一件小事影响李斯一生

为了写作《史记》，司马迁阅读史书，实地考察历史遗迹，采访当地百姓，收集了大量的写作素材。应该如何取舍、组织素材，司马迁都有精心安排。

比如本篇开头的"厕所鼠和官仓鼠"故事，本来只是李斯早年生活中的一件小事。但通过这件小事，李斯得出了"人之贤不肖（xiào）譬（pì）如鼠矣，在所自处耳"的结论，并把当"官仓鼠"定为人生的终极目标。李斯后来的种种努力都是围着这一目标展开，所以这个故事也就成了《李斯列传》的开篇故事。

陈胜、吴广
打工？不干了！

今天，历史即将翻开全新的一页。他来了，他来了，带着他的名言走来了！这句堪称中华最强音的神句，就像劈在秦帝国头顶上的响雷，霎时地动山摇，天翻地覆。你应该猜到了，我《太史公书》里新写的名篇《陈涉世家》该出场了。

陈涉名叫胜，楚国阳城人，涉是他的字。他生活在战国末年到秦二世时期，是个贫下中农出身。或者说，他都没资格当个给自家开垦田地的自耕农，只是

个被有钱人雇去打工的佃（diàn）农。不过，不平凡的人从小就与众不同，别看身份不自由，陈涉志向却不小。

有一次，所有打工仔一起出勤种田，陈涉站在田垄上摸鱼，看着地主家一望无际的田地，他突然跟伙伴们喊了一句名言："苟富贵，无相忘。"咱们以后要是富贵了，别忘了互相帮一把啊。此话一出，不出意外地收获了一阵无情的嘲笑："你？富贵？你就是个被雇来给人种田的，怎么富贵？"就差劝他不如改名叫"富贵"圆一圆梦想得了。陈涉没生气，只是叹息了一声，然后又开口吐出了另一句名言："嗟乎，燕雀安知鸿鹄之志哉！"燕子、麻雀哪能理解大雁、天鹅的志向呢？作为一个长在田间地头的人，经常会看见燕雀和大雁、天鹅飞来飞去，他的比喻很精准。

不要质疑一个没读过书的农民怎么这么有文采，因为，这里面当然有我的修饰和加工。

很快，秦二世就给自己的王朝按下了灭亡加速键。他调派贫

民去靠近匈奴的渔阳垦荒，陈胜也被征调在里面。在这里，他遇到了人生中的另一个自己——吴广，字叔。两个有志向的年轻人还混到了"屯长"，他们带着九百多人赶到了一个叫大泽乡的地方。结果，老天实在看不惯秦朝，又给两人来了一个助攻——每天下雨，给本来就不好走的路增加了障碍，这群人根本没法如期赶到渔阳。

陈、吴两人很紧张，因为秦朝法律制定者的时间观念很强，如果没按规定期限到达目的地，追究责任的时候，所有人都得被送去转世。两个团队小领导开始频繁私聊，要不要逃走，要不要做点什么？两人越聊越投机，越聊胆子越大。反正，逃走是死，起来闹革命也是死，横竖是死，还不如死得伟大点儿，为国家大事而死。

发现意见一致，陈胜又喊了一句当时人的心声"天下苦秦久矣"，来坚定信念，这才打算翻身雇农把歌唱，要跟秦朝对着干。

确定了小目标，两人还很谨慎地打算用科学的办法测测可行性——占卜。被叫来占卜的人也是人精，心想：人要占卜，一定是遇到了大事，既然是大事，只管说他们能成功就好了。于是，占卜大师一个劲儿喊大吉大利，再次给两人吃了一颗定心丸。

说到这里我要提个问，我在书里经常会写到一些超自然的东西，比如简狄吞鸟蛋生子、姜嫄踩脚印怀孕，你们觉得，我相信神神叨叨的那一套吗？下面，我就给大家解个惑。

　　机灵的占卜师在预告完吉利后，又给陈胜、吴广推荐了另一套求证法：问鬼神。鬼神咋连线呢？本质就是搞鬼。

　　陈胜和吴广对占卜师的意思心领神会，他们找了块白绸子，用朱砂在上面写了三个大字"陈胜王"，塞进了一条被渔夫捕到的鱼肚子里。然后，鱼又被放回渔夫手里。等小卒去买鱼吃，渔夫就把这条鱼给了他，从而让大家发现了鱼肚子里的这张丝绸条子。此外，陈胜还派吴广去一个古庙里模仿狐狸叫，这"狐狸"叫得很艺术，一边是动物鸣叫声，一边还要让人类能听懂："大楚兴，陈胜王。"

　　我详细写下这个过程，就是让大家看到，所谓的神鬼，都是人为。我想揭露这种暗箱操作很久了，但毕竟也不好写在上古圣王的篇幅里，只能放在这里了。

好了，言归正传。这一番操作下来，昨天吃到鱼的人和晚上听到叫声的人都被吓蒙了，集体看向陈胜。陈胜也挑了个好时机，把看守他们的将尉官杀死，开始给九百多名老百姓做思想工作，讲述迟到的一百种死法，然后高呼出那句："王侯将相，宁有种乎？"听众瞬间觉悟，去守边也是九死一生，秦朝那么烂，干吗为他们工作，让他们处死？都表示愿意跟着陈胜、吴广干革命。

这就是著名的大泽乡起义。

煽动这么快，这么成功，可想而知大家在秦朝统治下所受的压迫。因为，正常情况下，百姓是抗压能力最强的人，统治者不断压迫他们的底线，他们无非选择修改一下底线。除非真的无路可退，才会奋起反抗。

随后，陈胜、吴广很聪明地发布了一则搅浑水的声明，说二世不是秦国的法定继承人，本来应该是公子扶苏，而他们就是公子扶苏的队伍。从法理上质疑统治者，算是釜底抽薪。

接下来是陈胜、吴广人生的高光时刻。带着这群农民，他们一连打下了大泽乡和好几个县。不但老百姓的抵抗意愿不强，秦朝官吏也早就失去了民心。起义军队伍不断壮大，很快就有了兵车六七百辆，骑兵一千多人，步兵更是聚集到了好几万。不过，作为农民起义军，陈胜和吴广的能力也算到了极限。

积攒了一定力量后，有人建议陈胜称王，陈胜也不客气，建国张楚。

这一步已经跟他们一开始打出的旗号矛盾了：说是公子扶苏的部下，怎么这么快就自己称王了呢？而且，如果打着公子扶苏的旗号匡扶大秦，那只是统治集团的内部矛盾，只是反二世；自

己称王，矛盾就扩大化，变成反整个秦朝了。于是，张楚集团势必要第一个尝到秦朝正规王师的铁拳。另外，陈胜自己说"王侯将相，宁有种乎"，天下人自然也都这么想。你能称王，凭啥我就不能？原本聚集在陈胜手下的那些人，被分派出去后也都积极称王，自己单干了。

所以，陈胜和吴广都很快就失败被杀。

不过，由他们造成的山崩之势已经挡不住了。起义的呼声光速传播，原来的六国贵族纷纷起来恢复家业和国家，秦朝的大厦已经从底层被撬动。

回过头看看，陈胜和吴广好像也没做多少事。他们对庞大的秦帝国来说，就像一根稻草的重量，既压不弯，也压不垮。我为啥要把他们放在"世家"里呢？负责任地说，这没搞错。虽然他们没有世代传承的家族，但后来的每一个反抗暴秦的人都是他们的继承者。他们掀起的浪花，正一波一波涌上来，直到淹没整个秦帝国。

好了，作为文史"课代表"，我还需要再给你们概括一下秦帝国崩溃如此迅速的原因。讲商鞅时我们说过，秦国推行的是军功爵制，这在七国混战时，无疑像强磁铁一样引诱着百姓积极上进，可天下一统后，秦国却没能及时转型。没人可打的百姓没有了上升空间，但秦法的严酷却不断压榨着所有人，没了爵位抵罪，刑罚遍地都是，人民再也没了盼头。于是，从下到上整个秩序终于崩溃。

这就又可以看出陈胜、吴广的伟大。要知道，生活在一个让人无法喘息的高压时代，在沉默的大多数人里，敢于第一个发声反抗，需要多大的勇气。这是六国那些失去了国家和家园的王侯和将军都没办到的事。

史记原典

王侯将相，宁有种乎？

——《史记·陈涉世家》

译文 王侯将相，是天生有贵种的吗？

赏析 古代大多数时候阶级都是固化的。不仅王侯将相有世袭，连老农身份都是祖传的。所以，贵族们优越感相当强，他们认为人生下来就是有贵种和贱种的。身份低贱的，就像人体结构里的脚，只能处在最下面。脚再金贵，也不可能颠倒到头上去。陈胜的这句话，既是质疑阶级和天命论，又为"人生而平等"这一思想打了个底。光冲这一思辨能力，他就注定要名垂万世。

史记小百科

秦法真的那么严酷吗？

其实，按秦朝公开的律法，没按期限完成任务，并不会处以死刑。湖北云梦睡虎地秦简记载："失期三日到五日，谇（suì）；六日到旬，赀（zī）一盾；过旬，赀一甲。"迟到三到五天的，只是挨骂批评；迟到六到十天的，就要罚款一盾；十天以上的，罚款一甲。这里的盾和甲，可能是指武器里的盾牌和盔甲。

那么，是司马迁写错了吗？也不一定。秦二世那会儿，秦朝全面失序，一切都是乱来的，经常有极致的惩罚。失期会怎么样，谁也不敢赌。所以，陈胜在劝人的时候也说，失期就要死，就算不死，到那边去戍守，死亡率也是高达十之六七。

项羽 ①
楚霸王与鸿门宴

　　陈胜、吴广之后，天下谁最瞩目？让我们用热烈的掌声，欢迎西楚霸王项羽从历史的光影里走出来。

　　故事写到这里，我的心情有点儿兴奋。因为，这会儿的故事我有更多官方材料了，比起写战国史需要经年累月地考据，轻松多了。而且，我距离此时只有几十年，接下来的人物，我都能搭上点儿八竿子肯定打得着的关系。什么样的关系呢？有些人的后代或后代的邻居还能采访到，有些人的后代直接就是我和我爹的同事。就这关系，你可以想象我有多幸福，听到的都是一手资料呀。当然，这些"家族记忆"肯定会有歪曲和遗漏的地方，但它的细节绝对精彩，他们的评价也最能体现当时人的想法。从这时起，出场的人物就像连续剧中的角色，随时都能联动。

好了，别冷落了楚霸王。项羽本名籍，羽是他的字。他家世代都是楚国的将军，因为太能打，被封在项地。项也是一个被楚国灭掉的古国。

项羽的爹死得早，他从小就跟着小叔叔项梁生活。项羽小时候就不是个传统意义上的好孩子，读书读不进，退学去练剑，又觉得没意思，嚷嚷着要换专业。项梁很生气，项羽忙解释说："读书有啥用，学会写姓名就行了。至于剑嘛，只能一对一地打，我要学制服万人的技能！"听见大侄子原来是想学更高级的，项梁高兴了，开始教他兵法，结果学了段时间，项羽又心不在焉了。

巧了，楚霸王这学习状态是不是很熟悉？这么不爱读书的人，凭什么成功出圈？项羽小时候有个很著名的故事，最能说明他的志向。当时，秦始皇热衷于全国巡游，某次走到项羽和叔叔居住的地方时，百姓们争相围观。挤在热闹人群里的小项羽看见始皇的大阵仗，既没有被震慑，也没有羡慕，而是脱口来了一句："我将来可以取代他。"吓得叔叔项梁赶紧上演物理静音——捂嘴。当时的项羽并没有见过多少大场面，面对帝王仪仗却丝毫不怵，你感受到少年楚霸王的霸气了吧！

怀揣着这样心比天高的志向，项羽长大了。并且，身体也没有辜负他的雄心，负责任地长到了八尺多，接近一米九，力气大到能扛鼎，乡里乡亲见了都表示佩服。

不多久，陈胜、吴广起义，颇有英雄气概的项梁顺势反秦，聚集起吴中八千精兵。这八千人超常发挥，攻城略地，能人异士纷纷送来了简历。一个叫范增的大爷吃过的盐最多，智慧也高。他引用楚国贤士楚南公的预言"楚虽三户，亡秦必楚"，强烈建议项梁立楚王后代为王。于是，项梁找到楚怀王的孙子立为王，为了更有号召力，也叫楚怀王，宣布复国。从此，大家就是正规军了。之后，楚军东征西讨，指哪儿打哪儿。六国贵族也抓紧创造复国机会，秦朝被割得"七分八裂"。

　　秦朝上下虽然浑浑噩噩，还是派了一个叫章邯的大将来打地鼠，消灭这些反叛势力。章邯一路走下来所向披靡（mǐ），终于跟同样战无不胜的项梁碰上。双方交战了两个回合。第一个回合，章邯败走，项梁火力值上涨，忍不住蔑视秦军。结果第二个回合，大意没有闪的项梁就把自己的命给送了，楚国上下顿时陷入惊恐状态。但很快，项羽就"侄承叔业"，打出了比叔叔还厉害的成绩。

当时，章邯收拾完项梁，也开始鄙视楚军，转头打赵国去了。刚爬起来的赵国当然顶不住，赵王逃到一个叫巨鹿的地方，紧急向楚国求救。吸取了战国时期不团结就亡国的教训，楚怀王当即派人救援。只不过，怀王没有把军队交给项羽，而是给了一个也很有战略眼光的人——宋义，项羽只是军中的二把手。宋义带着人马往巨鹿赶，结果，走到中途就驻扎停下了。项羽正一身力气没地方使，心急如焚，跑去跟宋义讲道理。宋义表示自有妙计，他想看秦赵再拼拼，等双方都残了，楚军再趁机击败秦军，说完还得意扬扬地下了死命令，谁也不许劝进。

项羽急了，心说你这不还是进入观战模式吗？这套玩法在战国时期就证明了，不好使啊。现在大家唯一的机会就是团结起来，围殴秦军。奈何头衔没有人家大，项羽只能干着急。但也就着急

了一会儿，项羽就想明白了，头衔不如他，那就把他头砍了呗。于是，他直入宋义军帐，手起刀落，提着头出来给士兵们上战前演说，大军终于出发救赵。

从楚地去赵国巨鹿，黄河挡在面前。大军人多势众，造船摆渡。一到对岸，项羽就下令把船凿沉，吃饭用的釜甑（zèng）也敲破，只带着三天的口粮前进。众人一看，这等于给大家下了三天死令啊，否则吃饭都成问题，一个个只好拼命。

救赵的细节不需要多说，我们只要知道，项羽不愧是霸王，第一次带兵就直接把经验刷到了满级。巨鹿之战，破釜沉舟，自此，所有人都知道了楚国有个项羽。再之后，项羽多次打败秦军，楚国终于有了直接打进秦国老巢的全面谋划。

此时，我们的高皇帝刘邦也得出场了。其实，高皇帝老早就出场了，他从家乡沛县出发，慢慢混进了项梁队伍，借到了楚国的力量，不仅成了楚军的一分子，也混出了自己的人脉。所以，怀王下令各路义军合围秦国时，他也是其中一支。为了调动大家的积极性，怀王许了个诺：谁能先打进秦国所在的关中，谁就可

以当那里的王。

项羽在河北巨鹿跟秦军死磕，终于打败章邯，招降了全部秦军。高皇帝走的是河南这条线，阻碍稍少，顺利地率先进了咸阳城。等项羽走到，晚了三秋，函谷关都不对外开放了。项羽顿时脸色阴沉，所有大仗都是自己打的，刘邦进去了还顺手关上了门，他怎么敢的啊？抬手就打了进去，军队也找了个地方驻扎，决定第二天就去找高皇帝算账。一直跟在项羽身边的范增对此高调点赞。范增是项羽的亚父，意思可以从字面直接理解，也就比亲爹差那么一点点。

然而，项羽的另一个叔叔项伯急了。因为，他的好朋友张良还在高皇帝那儿，他得赶去拉上张良快溜。可历史就在这里进入了转折点。项伯拉着张良走，张良则拽着项伯去见了高皇

帝，把情况全交代了。高皇帝一边道歉，一边趁机利诱，说要跟项伯结儿女亲家。于是项伯老老实实地贡献了出卖大侄子的计划：明天早上快点儿来道歉。回去后，项伯又提前找项羽打预防针，表示刘邦先进关明明是立了功，不能打。项羽想了想，感觉是这么回事，那暂时就不打了。

当时，项羽大军驻扎在鸿门。于是第二天一大早，浓墨重彩的大戏鸿门宴开始了。

清晨，高皇帝带人到了鸿门，见到项羽就开始诚挚地致歉。项羽是个实诚人，见高皇帝说得诚恳，当然是选择原谅他，还邀请他们留下来吃饭。宴会上，项羽、项伯、范增、高皇帝、张良分别坐开，两大阵营的智囊团队开始对擂。看起来，项羽这儿是三对二，其实，项伯只能算半个项家人、半个刘家人。宴会开始后，双方开始拼酒，范增不断朝项羽使眼色让他动手杀了高皇帝，眼睛都眨抽筋了，项羽都装作没看见。范增以为是自己眼神给得不到位，又举玉玦（jué）示意主公快做决定，赶紧动手，可项羽还是客气地招呼大家"吃好喝好"。

范增是个聪明大爷，他知道，大王还是太年轻，心软了，只好实施 B 计划。他走出门找到项羽的

堂兄弟项庄，叮嘱他一会儿进去先祝酒，然后舞剑，趁机杀了高皇帝。项庄得令照做，项羽也没察觉出什么不对劲，同意了舞剑助兴。舞着舞着，项庄就慢慢靠近高皇帝了，那场面真是惊险刺激。关键时刻，又是项伯挺身而出，说一个人舞剑单调，要搞叔侄俩双人舞。于是，每当项庄要靠近高皇帝时，都被项伯挡了回去。结果是，项庄任务没完成，莫名其妙陪跳了一顿饭工夫的舞。

这惊心动魄的一幕，就是傻子也察觉出其中的危险了。最终，张良请出樊哙将军进去搅乱局面，高皇帝终于借上厕所的机会逃了出去，骑上自己的宝马，抄小路飞奔回了军营。

看到这里你就知道，楚霸王应该是个感性大过理性的人。受情绪影响的人，判断问题时容易出错。他的一念之仁，也让他失去了最后的机会。

史记小百科

虞美人没有自杀？

当代有个很著名的故事"霸王别姬"，说的是楚霸王在垓（gāi）下被围，与美人虞姬喝酒唱歌作别。虞美人当即回了一首五言诗："汉兵已略地，四方楚歌声。大王意气尽，贱妾何聊生。"然后拔剑自刎。这段可歌可泣的故事，成了中国民间著名的爱情传说，被无数次搬上舞台和荧幕。然而，司马迁在《史记》里并没有记载这个结局。

那么，虞美人是被谁写死的呢？在虞姬死后近一千年，唐代有个叫张守节的人在他的《史记正义》里给了她这个结局。他还负责任地点出了自己引用的文献，是汉初时陆贾写的《楚汉春秋》。陆贾和刘邦是同时代的人，曾为刘邦出使过楚营，他写的楚汉故事应该接近历史原貌。只是，这本书后来失传了。因此，我们并不知道张守节的话是否为真，虞姬的"被自杀"，"凶手"还是张守节。

人方为刀俎（zǔ），我为鱼肉。

——《史记·项羽本纪》

译文 别人是刀和切肉的砧（zhēn）板，我是待宰割的鱼肉。

赏析 刘邦从宴会上逃出来后，还在考虑该怎么办。樊哙劝他快跑，刘邦担心不辞而别会让项羽更生气，樊哙用这句话形容局势的危险程度，劝刘邦不要注重那些小细节。

史记文学小课堂 － 场景描写

剑拔弩张的鸿门宴

鸿门宴上的明争暗斗是《史记》中着力描写的一个名场面。项羽在鸿门设宴请刘邦，项羽的谋士范增想趁这个机会杀了刘邦。无奈在酒席上，范增一再使眼色，项羽就是不给任何回应。范增只好临时改变计划，叫来项庄以舞剑助兴为名刺杀刘邦，结果项羽的叔叔项伯却充当了刘邦的保护伞。来看看《史记》原作中对这段内容的描写。

范增数（shuò）目项王，举所佩玉玦以示之者三，项王默然不应。范增起，出，召项庄，谓曰："君王为人不忍。若入前为寿，寿毕，请以剑舞，因击沛公于坐，杀之。不者，若属皆且为所虏！"庄则入为寿。寿毕，曰："君王与沛公饮，军中无以为乐，请以剑舞。"项王曰："诺。"项庄拔剑起舞。项伯亦拔剑起舞，常以身翼蔽沛公，庄不得击。

鸿门宴故事中出了很多成语，如"项庄舞剑，意在沛公""人为刀俎，我为鱼肉""秋毫无犯""劳苦功高"等。"鸿门宴"也成了一个典故，用来比喻有阴谋、不怀好意的宴会。

项羽 ❷

四面楚歌，乌江自刎

秦始皇能开"连播"，项王也必须有这待遇。在我的《太史公书》里，我给了他更大的排面——列入了"本纪"。开篇咱们就介绍过，本纪里都是统一天下的帝王，项王既没统一，也没当过皇帝，我这么写，岂不是打脸？嘿嘿，这就是我的智思。我可不想把历史写成"成王败寇"的老套模式，失败的人也有他的英雄之处。

另外，即使作为一个汉朝人，我也要有一说一，真正用武力消灭秦朝的，还是项王。如果没有他，天下那么多的诸侯就像无头苍蝇，还不知道要再拉锯多少年才能打败暴秦。项王身上最让人觉得匪夷所思的，是他的成功之路。从一个并没有什么根基的人，到借助叔叔的基本盘一战成名，铲除秦朝，这样的速度和激情，我敢说以后也没人能复制。他不仅引领时代，也创造和主导了时代，当然当得起我的一篇本纪。

话说回来，鸿门宴结束后，项王打算给那些跟着自己打仗的人分地盘了。他没有学习始皇当皇帝，而是打算按战国的旧模式，恢复战国各路诸侯，自己也只称西楚霸王，大致像周天子那样。

有肉可以分，大家当然不会反对分封。于是，天下就又被瓜分成了一块块。而因为有范增老爷子在，我家高皇帝注定得不到好地方。项王把巴地和蜀地分给了高皇帝。巴蜀之地和中原隔着崇山峻岭，真去了那儿，估计一辈子都难走出来。好在，我们有老机灵鬼项伯呀。也不知道他是真的被高皇帝结亲的承诺忽悠了，还是出于什么奇怪心态。按理说，天下大定，高皇帝已经没有生命危险，他也不必再帮助我们了，可分封的秘密计划一传出来，项伯还是光速告诉了张良。张良多爱高皇帝呀，赶紧让老朋友再帮帮忙，于是项伯答应当说客，劝大侄子再给分点儿。也不知道项王是耳根子软还是心软，就这样，巴蜀之外又加送了个汉中。自此，高皇帝从沛公变成了汉王。

地分完了，接下来干吗呢？范增劝项王就在秦人老巢当王，项王则想回家看看。因为他觉得，不回家就没有安全感，好像在伸手不见五指的黑夜里走路，怕别人看不见自己帅气的脸和一身漂亮衣服。于是，他选择把首都定在江苏彭城。

我们高皇帝也带着老伙计们往封地走。张良送了一段路后，转身告辞回韩国，毕竟人家的初心就是韩国。可没料到，张良竟然一边走一边放火，看得汉军心态都崩了。本来去这么偏远的地方就很痛苦，张良还放火烧了唯一的栈道，这不是要把大家封死在里面，再也出不去了吗？高皇帝没有慌，因为，这是张良离开之前教他的最后一招："想致富，先烧路。"烧了交通要道，麻痹楚霸王。

随后，我们把镜头二倍速快进到萧何发掘人才韩信之后。韩信被重用后，使出一招"明修栈道，暗度陈仓"。高皇帝听韩信的，派出一队老弱残兵修栈道，装出一副要从栈道出兵的样子，背地里却率领大军绕道去了陈仓，打败了项王安排在门口的章邯等守将，占领了关中，终于踏上自由之路。

那么这会儿项王在干什么呢？他可太忙了，因为齐国那边也出乱子了。项羽分封天下时，把齐国劈开，封了好几个王。这可就埋下祸根了。一个不服气的将领自立为齐王，开启揍人模式，打得齐地各王哭爹喊娘，向西楚"爸王"发出求助信号。

项王很纳闷，大家开开心心吃自己碗里的肉不好吗，为什么总有人贪心要吃别人的？他不知道，大家不满就是因为觉得肉分少了。不过，既然有人要搞事，以项王之勇，天下还没人是他的对手，他也丝毫不惧。但齐和汉这两个挑头的到底先打谁，项王

有点儿犹豫。张良明目张胆撒谎，说高皇帝只是想要关中，并不想多搞事，项王信了，提了大军就先去胖揍齐国那个自封的假齐王。

在楚军狂虐假齐王那阵，高皇帝打算趁机偷袭彭城。出发前，高皇帝找了项王一个错处制造舆论，说他杀了义帝——就是从前的楚怀王，分明是个坏人，大家都要讨伐他。汉军联盟很轻松就打进了空虚的彭城，这意味着什么？项王的西楚没了！然而，甭管高皇帝的队伍拉得有多大，当项王带着人马赶回来，联军还是只能被摁着摩擦，待在彭城的汉军反被项王包围了，高皇帝带着十几个随从好不容易才逃了出来。

之后，历史进入了楚汉争霸时期，模式变成死循环：高皇帝屡战屡败，下次再拉着人来，还是大败……那么，我大汉是怎么实现逆袭的呢？都得感谢韩信的包围战略。至于韩信和张良的故事，一笔带过对不起我的文采，后面再讲给你们听。

楚汉打了几年，就是项王这么能打的人都疲了，主动申请休战。为了不让天下人民这么苦，他甚至退了一大步，提出可以接受跟高皇帝以荥（xíng）阳的鸿沟作边界，两人各管一部分。双方签订盟约后，项王打算带着自己的残兵回家，高皇帝也打算就此别过。可有人不答应了，谁呢？张良和陈平。两人找到高皇帝说了一句"养虎自遗患"，强烈建议趁项王不注意，断了他所有后路。高皇帝一拍大腿，对呀。大局面前，谁跟他讲道义？当即下令站自己这边的小弟过来集合，一起合围楚霸王。

于是，在那个注定会名垂青史的垓下，汉军从四面八方把项王围住了。夜里，张良当起了气氛组，让士兵们放声高唱楚歌，把本来就士气低落的楚军变得更丧。歌声也传入了项王的营帐，正准备睡觉的项王大惊：楚国的地盘已经全被汉军占领了吗？要不然汉军里怎么会有这么多楚人？

　　项王再也无心睡觉了，爬起来喝酒。他有个很喜欢的美人名叫虞姬，走到哪儿都带在身边。虞美人也知道楚军已呈败势，举了酒杯要和自己尊敬的大王再醉一回。英雄末路，项王也很伤心，临时作词编曲唱了一首哀伤的歌："力拔山兮气盖世，时不利兮骓（zhuī）不逝。骓不逝兮可奈何，虞兮虞兮奈若何！"曲罢，虞美人也唱歌相和。呃，明明是这么紧张的时刻，大家竟然在"赛歌"，好像有那么点儿……

　　当然了，项王并没有沉浸在悲伤的情绪中太久。喝完酒，他翻身上马点兵，带着八百多名骑兵一溜烟就冲出了重围。汉军发现时天已经大亮，赶紧派出五千骑兵去追。双方一边你追我赶一边交手，等项王渡过淮河，身边已经折损得只剩一百多人了。高皇帝对项王"重金求头"，于是，无论项王走到哪儿，汉兵始终紧追不放。战到最后，跟随的楚军只剩二十八骑了。

项王知道这次真到了绝路，又为我们表演了一幕什么叫"气盖世"。只见他带着二十八骑反身冲向汉军，单手拍马飞驰，吓得围困的汉军不自觉地往后退。楚军紧随其后，对里外数重的汉军一通厮杀，回来一点人数，杀了百十来人，而二十八骑只损失了两人。

然而，项王终究还是打算不走了。尽管他已经冲出了重围，来到了乌江渡口。只要坐上亭长开来的船，大家就可以一起回到江东。但此时，愧疚感已经占据了他的大脑。当初出发时带着八千子弟，现在这样光溜溜回去，就算江东父老愿意支持他，一生豪气的他也没法接受。那么，还是回头战到最后一刻吧。他放弃坐骑，身上带着十几处伤，一个人又杀死了几百名汉军。战到精疲力尽，最后，他提起长剑，对准了自己的脖子。毕竟堂堂楚霸王，死也要自己解决，别人是杀不了他的。

这一年，项王才三十一岁。这一刻，我就是项王的粉丝。

养虎自遗患。

——《史记·项羽本纪》

译文 养只老虎在身边，肯定是后患无穷。

赏析 这是张良、陈平劝刘邦追击项羽的话。成语"养虎为患"就出自这里，指对待能威胁自己的人，不能心存仁心，得赶尽杀绝。

地域歧视：沐猴而冠

项羽进入咸阳后，手下有点儿见识的人都劝他就留在这里。然而，项羽认为"富贵不归故乡，如衣绣夜行"，惦记着要回家显摆显摆。于是，劝他的韩生当场说了一句话："人言'楚人沐猴而冠耳'，果然。"

沐猴而冠是指猴子穿上衣服戴上帽子装人。"人言"，显然是以前有人说过，不是韩生的原创。这是先秦时期带地域歧视的典型俗语。楚国人在南方，跟南边的蛮子混在一起，中原各国瞧不上他们。后来，哪怕楚人也渡过淮河到中原争霸，把中原诸侯欺负得瑟瑟发抖，但大家嘴上依然不肯放过，发明了不少歧视楚国的话。

史记文学小课堂－人物刻画

小气的大英雄

我们每个人的性格都是有多面性的。在《史记》中，大家也能清楚地看到人物身上的多面性。

以司马迁个人非常敬佩的大英雄项羽为例。项羽是一位战神级人物，带兵打仗几乎战无不胜。他能和部下同甘共苦，对对手刘邦也能怀有仁爱之心，鸿门宴上不忍心下狠手。可司马迁也没有光写他的优点。他相当残暴，焚烧咸阳、坑杀俘虏。他还很小气，封赏手下时，刻好的官印握在手里反复摩挲（suō），棱角都快磨圆了都舍不得发给功臣。正是对项羽多重性格的描写，才成功塑造了这个真实生动、丰富饱满的人物形象。

西汉

刘 邦　从小混混到西汉开国皇帝，他赢在会做人、会用人。

韩 信　汉初名将，想要成大事，跟对人很重要。

萧 何　西汉开国功臣榜上第一名，被刘邦赐以"功人"荣誉称号。

张 良　刘邦的重要谋臣，运筹策帷帐之中，决胜于千里之外。

刘 敬　力主定都长安、与匈奴和亲，被刘邦赐姓刘。

叔孙通　宫廷礼仪制定者，他让皇帝知道，仪式感很重要。

曹 参　"偷懒"的相国，但他有不作为的充分且合理理由。

吕 后　刘邦的妻子，汉惠帝时期西汉的实际掌权人。

陈 平　西汉丞相，因为长得漂亮，被同事质疑徒有其表。

周 勃　西汉名将，最大的功绩是诛灭诸吕，拥立汉文帝。

汉文帝　西汉最节俭仁厚的皇帝，废除了肉刑。

张释之　一位公正的法官，在他面前，皇帝也得按法律规章办事。

贾 谊　为汉文帝提了很多好建议，可惜大部分都没被采纳。

汉景帝　对高管很严厉，对百姓很仁慈，动不动就给全国人民发福利。

刘 濞　刘邦的侄子，被封为吴王，七国之乱的发起者。

晁 错　为汉景帝出主意削藩，七国乱起，成为景帝的弃子。

袁 盎　耿直敢言、讲原则的官员，置晁错于死地的助攻手。

周亚夫　周勃的儿子，敢把皇帝拦在门外的大将军。

汉武帝　司马迁的当朝皇帝，司马迁为他写的传记已离奇失踪。

张　骞　西汉使臣，为了寻找盟友抗击匈奴，意外地探出一条"丝绸之路"。

李　广　智勇双全的将军，可惜运气不太好。

卫　青　西汉名将，汉武帝的小舅子，不过这个关系户有硬实力。

霍去病　卫青的外甥，西汉最著名的少年将军。

李　陵　李广的孙子，一降毁所有，还连累了司马迁。

窦　婴　汉武帝奶奶的侄子，颇有侠客风范的外戚。

田　蚡　汉武帝的舅舅，外戚新贵，和窦婴相争，结果两败俱伤。

灌　夫　窦婴的铁杆粉丝，大闹田蚡婚宴，引发窦田之争。

刘　长　第一代刘姓淮南王，汉文帝的弟弟，图谋造反被抓，绝食而死。

刘　安　刘长的儿子，一辈子都在为造反做准备，被举报后畏罪自杀。

主父偃　汉武帝的大臣，提出推恩令，力推茂陵移民工程。

汲　黯　怼皇帝，他是专业的！汉武帝对他的评价很高，却只想躲着他。

司马相如　汉赋大家，不仅文章写得漂亮，还很有正义感。

郭　解　游走于法律之外的江湖侠客，他最后躲过了法律的制裁吗？

刘邦
情绪稳定是一种超能力

数千年的历史，终于轮到我大汉的最高点——高皇帝隆重登场了。

高皇帝姓刘，出生在一个普通得不能再普通的家庭。怎么证明这一点？看他大名刘季就知道了。前面说过，伯仲叔季是排行，约等于数字一二三四，高皇帝直接叫刘季，证明刘太公全家都捞不出一个被文化浸染的人，只能用数字给孩子取名了。

不过，说是刘季，但高皇帝并不是家里的老四，而是老三。他底下还有个小弟叫刘交。为什么会出现这种跟理论不匹配的名字？很可能是因为，刘家生到高皇帝时，以为是最后一个孩子了。那时候，最小的孩子也可以叫季。

这样普通的出身，高皇帝的人生本来也会和无数普通人一样度过。这不，至少前四十年，他在乡亲眼里几乎就是一个游手好闲、好吃懒做、沉迷酒色的小混混。他当时的朋友圈，像卢绾、樊哙、夏侯婴、灌婴、周勃等人，就没一个正经的，不是地主家的傻儿子，就是杀狗的、卖布的、吹响器的……算得上是真正的狐朋狗友。就连亲爹刘太公都亲口下过断言，说高皇帝比不上擅长种田的老二刘仲。

那么，高皇帝是怎么开窍的？他是用了什么方法完成阶级逆袭，力挫举世无双的对手楚霸王，开创一个王朝的呢？难道，他也和之前的上古圣王一样，有老天爷追着喂饭，是"神二代"下凡吗？

呃，高皇帝的出生，确实也颇具奇幻色彩。按我查阅到的档案，他的出生也几乎和他爹刘太公毫无关系。故事是这样的：有一天，高皇帝的老妈刘媪（ǎo）在大湖的岸边休息，睡梦里邂逅了一条神龙。人神纠缠一段时间后，高皇帝已经进入了妈妈的肚子。

还记得我在陈胜、吴广造反前夜揭秘的吗？什么鬼哭狼嚎、藏东西在鱼肚子里，这都是人为操作的。作为科学前沿人物，我当然不太相信这些不符合生物学常识的神话。但在写牛人的时候，还是得给他们加点儿老天爷亲自盖章的神秘色彩，让他们与众不同。同时，作为大汉的"笔杆子"，每天吃官家饭的我，也有义务给他们老刘家宣传宣传。

其实，如果抛开神话加持，高皇帝作为一个脚踏实地的人，他的经历还要更精彩、更励志，足够成为所有成功学的典范。他的人生，最少有别人三倍精彩。我还是简单点儿，只拣一个侧面说说。

和项羽一样，高皇帝年轻的时候，也遇到过出游的秦始皇的车驾。他当时也有一句评价，不过是非常羡慕的口吻："大丈夫就应该这样啊！"二者都表达了对始皇这种身份的"可攀"感，但就气势上，高皇帝还是略输了一筹。

能力稍差点儿，不代表我们高皇帝事事都不如项羽，他的理性、稳重、情绪稳定，甚至对欲望的克制力，就是项羽永远做不到的。

年轻时候的高皇帝，虽然有些混不吝，但也有熠熠闪光的地方。他这个人很有江湖义气，而且乐于助人。所以，我大汉功臣榜上那些人，尽管出场配置比他高，但还是心甘情愿跟着他混。

高皇帝的第一桶金，也源于他的仗义。

当时，高皇帝还是泗水亭的亭长，接到了一个和陈胜、吴广

一样的任务——押送一批劳工去骊山干活。才走到半路，意识觉醒的劳动人民直接开溜了。高皇帝知道后，并没有派人去抓，而是直接将责任揽在身上，还主动将剩下的人也放了。被释放的人一脸蒙，难道秦朝小吏不姓"秦"吗？如果是这样，我可要崇拜你了。就这样，高皇帝收获了第一批铁粉。

　　若干年后，高皇帝率军攻入咸阳后，又用"己所不欲，勿施于人"的同理心，给秦朝百姓来了一次解放。他曾身处其中，知道所有人深受秦法的苦，于是大手一挥，把秦朝那些能装满五辆马车的苛政酷法都废除了，只跟当地群众做了三条简单约定：杀人的偿命，伤人和偷、抢东西的都要受相应惩罚。

　　那么多让百姓人头滚滚的法律，转眼间变成了只有三条纲领，这相当于什么？相当于给了所有人活命的机会呀。面对这样的领导，谁不愿意"千万里我追随着你"？毕竟，遭受苦难的百姓已经形成肌肉记忆了，谁也不敢赌放过这一个，下一个又会遇到什么魔王。

　　除了仗义，能为了既定目标克制自己的欲望和情绪也是高皇帝难得的能力。还是刚进入咸阳那会儿，作为一个从江苏沛

县这种小地方走出来，没见过太大世面的人，看到巍峨秦宫和无数财宝、美女，高皇帝也曾心怦怦跳，很想倒在美人怀抱里，就此天荒地老。人是有欲望的动物，高皇帝偶尔的贪婪是人之常情，也是孟子说的"食色性也"，没啥可指责的。可萧何只开口劝了一句，他就能马上从声色犬马中走出来，调出另一个正经姿态，为解放秦民做准备。

还有一则故事，也很能说明高皇帝的隐忍和克制。

当初，有个叫雍齿的小老弟，和高皇帝是老乡，自然就随大流成了高皇帝旗下的一员。可雍齿之前的出身比高皇帝尊贵，背地里很难对他服气。没过多久，雍齿就找准时机，跳槽到了敌对阵营。高皇帝人都气疯了，雍齿的背叛，不仅让他平白丢了一座城，还动摇了沛县老兄弟们的意志。

一定要让雍齿这个反骨仔付出代价！高皇帝第一时间带人去打雍齿，拿下了城池。雍齿见形势不对，提前溜了。虽然当时躲过一劫，但随着高皇帝的势力越来越大，雍齿的活动范围也就越来越窄了。怎么办？雍齿大脑飞速运转，为自己寻找活路。最后，一个计划破壳而出：趁着诸侯大联谊的时候，当着大家伙儿的面，向高皇帝再次表达归顺之意。

依着自己的真情实意，高皇帝很想给他改名叫无耻，送他去见昊天上帝，可又怕处理了他，会让沛县一起出来的老兄弟们失望，只好捏着鼻子同意了雍齿的加入，还让他继续带兵打仗。再后来，天下一统，高皇帝还给他封了个侯。

虽然这挺出乎意料的，但大家也见怪不怪。高皇帝和项羽的差别就在这里，一个既理性又客观，思考问题时永远以利益和大局为重；一个年轻气盛，十分情绪化。他很懂舆论的作用，利用雍齿这块活招牌，就可以狂刷自己的宽容形象。有些从敌对阵营

投降过来的人，看见沛县老兄弟们一家亲的样子，心里难免七上八下，感觉自己格格不入，就老想壮着胆搞独立，等听说雍齿这样的人都能封侯，悬着的心终于落地。高皇帝不费一兵一卒，再次收拢了人心，让大家都老老实实、安安心心为他打工。

"兵仙"韩信在为高皇帝东征西讨的过程中，好几次违背旨意，甚至半路就想开香槟，找高皇帝求封赏。这和王翦出征前讨赏不同，高皇帝还没得到天下呢，所以，韩信的索取更多的是带威胁成分。打齐国的时候，韩信打到一半，先派人回来求当"假"齐王，就是代理齐王的意思。高皇帝勃然大怒，可他一怒之下，也就只是怒了一下，张良和陈平稍稍示意，他马上就能遏制情绪，改为笑脸："当啥假齐王，要当就当真的。"

你就说，这种能"克己"，对自己都可以下狠手的人可不可怕，厉不厉害？

庙号是什么？皇帝怎么那么多名称？

当上皇帝后，刘邦有很多称呼，比如汉太祖、汉高帝、汉高祖。这些称呼是什么意思，有什么区别？

总的来说，这都是帝王死了以后才有的称呼。太祖，这种带"祖""宗"字眼的，都是庙号。何为庙号？古代的皇帝去世后，写着他名号的牌位会被供在王朝的太庙接受祭祀。后代子孙就要为他们追尊一个专门用于在太庙祭祀的称号。一般情况下，第一、二代皇帝都是祖，后面的都是宗。刘邦的庙号就是"太祖"。

某某帝，这种叫作谥号，是臣子根据皇帝生前事迹给下的总结。刘邦的谥号"高皇帝"（简称"高帝"），是因为他"功劳最高"。谥号不只皇帝能用，皇后、诸侯王、将相等人都可以拥有。

《史记》中，司马迁称刘邦为"高祖"，这并不是刘邦的庙号，而是汉代对刘邦的普遍称呼，这个"高"出自刘邦的谥号。

史记原典

嗟乎，大丈夫当如此也！

——《史记·高祖本纪》

译文 啊，大丈夫就应该这样啊！

赏析 这是刘邦第一次表现出自己的志向和野心。不少皇帝都有这样的时刻，而他们的志向也都成了名言，人们喜欢拿他们来对比谁更霸气。东汉的开国皇帝光武帝刘秀的志向是，"仕宦当作执金吾，娶妻当得阴丽华"，既要当官，也要漂亮老婆。成吉思汗的愿望是，"要让青草覆盖的地方，都成为我的牧马之地"，这很像汉朝人给皇帝溜须拍马的那句"日月所照，皆为汉土"，霸气是有了，但吹牛的成分更大。

史记文学小课堂 - 人物刻画

在自己家辉煌，在别人家阴暗

司马迁使用"互见法"时还有一种非常细腻的安排，就是把人物的光辉事迹写在人物自己的传记里，而人物庸俗、暴戾的一面则分散在其他篇目中。这一点在写汉代帝王的本纪中表现得尤为明显。

比如《高祖本纪》中，讲述了刘邦从起义反秦、楚汉相争到建立西汉的全过程，塑造的是一位有智谋、有远见、会用人的政治家形象。刘邦不好的一面则写在其他篇目中。《留侯世家》《张丞相列传》中写了他的贪财好色，《项羽本纪》中写了他的自私卑鄙，《淮阴侯列传》中写了他的阴险残忍，不择手段诛杀功臣。

这种安排保证了每篇作品有一个中心主题，同时又如实地写出历史人物的优点和缺点，刻画出一个完整的人物形象。当然，具体到写汉代帝王，也不排除这是司马迁试图应对统治者审查书稿的一种策略。

韩信
如果能重来，我要学范蠡

在我大汉建国之初，有两个韩信，两人都曾是高皇帝的盟友。怎么简单区分他们呢？机灵的我把其中韩国国君的后代多加了一个字，叫韩王信。另一个韩信老家属于过去的楚国，后来也曾被封为楚王，本来应该是楚王信，可他没守住这份工作，被降级成了淮阴侯。今天要讲的，就是为大汉定鼎的淮阴侯韩信。

我至今还记得到淮阴采访时的场景。当我问韩信是个什么样的人时，老乡们你一言我一语争相抢答，说的都是韩信少年时的糗（qiǔ）事。

韩信父母早亡，品行不出色，找不到好工作，又不会做生意，家里穷得揭不开锅，只能到处蹭饭。那时候的韩信像块狗皮膏药，一旦你好心投喂了一次，后面你家就会是他的食堂，他每天准点到。

被连续蹭了几个月饭的人家不乐意了，即使我家里有点儿余粮，你也不能盯着我一个人薅啊，于是提前开饭，婉拒了韩信。无奈之下，韩信只能去钓鱼充饥。那时大家生活得很苦，民风却比较淳朴。洗衣大婶见他人长得精神，却饿得肠胃二重奏，又好心投喂了一次，结果，一连几十天你都能在河边看见他溜达的身影。

还有人讲了个更精彩的故事。

别看韩信穷得就剩个肉身了，腰上却始终别着把贵族的佩剑。有时候吃饱了，韩信会迈着六亲不认的步伐，在淮阴县城里东走西荡。结果，一个屠夫看不惯了，明明是个穷鬼，装什么高富帅？拦住韩信说："你成天拿把剑，其实是个胆小鬼，有本事拿剑刺我呀，来刺我呀，不敢的话就从我胯下钻过去。"说着就叉开两腿，等韩信来钻裤裆。

韩信面红耳赤，怒发冲冠，想打得对方亲妈都不认识，可看看屠夫五大三粗的身板，如果出手，很可能是自己去见亲妈了，于是只能用最狠的表情做最怂的事——趴下身子从屠夫胯下钻了过去。

哈哈哈哈，满大街爆发出一阵无情的嘲笑。

听到这里，后见之明的我就知道，韩信后来飞黄腾达不是没有原因的。大丈夫能屈能伸，不吃眼前亏，不跟垃圾人纠缠，也是一种社交智慧。

韩信生活的时代，正是天下哗啦啦反秦之际。先是陈胜、吴广起义，后面六国贵族跟上，这让韩信很兴奋。对平民百姓来说，活在乱世是不幸的，但对于有志向的人，乱世才是他们挥洒热血与梦想的舞台。感觉机会就在眼前的韩信，投奔了楚国的带头势力项梁。项梁死后，韩信又成了项羽手下，职位是执戟（jǐ）郎中，就是扛着长戟当卫兵。但他踌躇满志，觉得年轻人想法应该差不多，忙给项羽写信提各种意见。可项羽不是个喜欢听别人指点的人，全部选择性无视了。

老板没眼力，韩信想到了跳槽。毕竟，这会儿天下选择还很多。放眼看看，领导力比较好的，大概还要数当时只是汉王的高皇帝的创业团队。他们的人才聘用制度很灵活，虽然目前团队规模尚小，但招的全是精英，发展潜力很大。于是，韩信做了一个影响历史的决定，从项家大集团辞职，加入了高皇帝的创业团队。

结果，是金子也有被埋没的时候，在高皇帝团队混了一段时间，收获还是一样——不被重用。更可怕的是，还没来得及抱怨高皇帝不开眼，韩信就因为违反了刘家军的法律法规，要被砍脑袋。

当时，十几个人跪成一排等着挨宰，眼看着手起刀落，前面的人一个个人头落地，韩信也要交待在这儿了。关键时刻，高皇帝的司机、后来的汝阴侯夏侯婴遇见并解救了他。夏侯婴偶尔兼职一下人事工作，把韩信介绍给了高皇帝。高皇帝只是轻轻地"哦"了一声，随手丢给韩信一个小官。我大汉最强人力资源部部长萧何也喜欢观察每个人的隐藏技能，他发现韩信确实是个人才后，又给高皇帝举荐了几次。可高皇帝当时被项羽封到汉中，心情欠佳，提不起斗志，还是没当回事。

韩信绝望了，又准备跳槽。萧何发现后，忙骑上快马在后面追，追上后又郑重许诺，才终于把韩信叫了回来。这事后来成了个典故，叫"萧何月下追韩信"。

当时，很多人都认为汉王前途一片黑暗，选择了溜之大吉，高皇帝还以为萧何这个铁杆兄弟也跑了呢。所以，等萧何带着韩信回来，他终于振作起来，爱屋及乌地把韩信拜为集团最高级的大将军。

不得不说，我们高皇帝虽然偶尔吊儿郎当，不太重视别人，但他是个听劝的。事实证明，这是高皇帝一生中最正确的一次风险投资。

韩信成为上将后，给出了对付项羽的正确打法，先是用了一招"明修栈道，暗度陈仓"，摆脱了地域控制，把挡在门外的秦国投降老将除掉，再去跟项羽掰手腕。高皇帝和韩信分兵行动，由高皇帝亲自偷袭项羽的老巢，韩信则采取逐一击破的办法，一点点蚕食项羽分封的诸侯王，让大家弃楚投汉，最终把项羽围在垓下团灭。项羽大概万万没想到，当年身边那个小小的执戟郎，现在竟然可以结束他的辉煌。

项羽死了，天下初定。高皇帝认为韩信是军功里的第一名。不过，在南征北战的过程中，韩信总来讨工资、福利、房子、车子、年终奖等，两人也闹了很多小矛盾。而随着韩信上将的威信提升，他自己的队伍也庞大起来了，身边有人总劝他跟汉王决裂，自己单干，还可以组成三分天下的局面。虽然韩信以汉王待自己赤诚为由拒绝了，但可想而知，如果连他手下都有了独立的心思，可见双方已经不那么融洽了。高皇帝不可能不知道这些变化。

高皇帝内心其实是有点儿怕韩信的，论打仗没人是他对手，而项羽没了以后，他就是全天下最可怕的武装力量了。韩信这个名字自此就像一根刺，扎进了帝王心里。

战场上处理不了的，就用职场上的办法来处理。高皇帝先是以韩信老家是楚地为由，把他从齐王改封成了楚王。韩信的根基都在齐地，这一招等于把他和

支持他的百姓隔离。后来，高皇帝又找借口把他踹到功臣榜的第二排，变成了淮阴侯。皇帝想杀他吗？想，但没找到合适的理由。最后，还是高皇帝的"贤内助"吕后果断，选了一个高皇帝不在家的日子，在内宫解决了韩信。

在猜忌心重的人面前，功成身不退，那么结局就只有被杀了。淮阴侯，下辈子注意点儿吧。

智者千虑,必有一失;愚者千虑,必有一得。

——《史记·淮阴侯列传》

译文 聪明的人考虑一千次,总有失算的时候;笨人考虑一千次,总有一次算得准。

赏析 这是一种辩证的说法,比喻事情没有绝对。聪明的人不可能永远都对,而智商不足的人说不定也有他擅长的领域,根据经验也能给出正确的建议。

史记小百科

成语"多多益善",是说带兵打仗

作为军事家,韩信的能力毋庸置疑。刘邦没事的时候,经常跟韩信讨论手下各位将军的能力,韩信直言不讳,把每个人的优缺点都说了一遍。刘邦好奇地问韩信:"你觉得以我的能力,能带多少兵?"韩信还是一贯耿直:"十万就是大王你的极限了。"

刘邦又反问:"那你呢?"韩信不客气地说:"我就不一样了,从不设限,越多越好!"

萧何

谁的功劳大？

楚汉争霸结束，高皇帝得了天下，在洛阳宫殿举行庆功宴。

这样的酒席，首先都是领导讲话。高皇帝开启话题："大家说说，为什么项羽那么牛，我却能走到最后，赢得天下？"

大伙儿七嘴八舌，自然都是拣领导的优点说。高皇帝很满意，但还没飘，还补充了一段："夫运筹策帷帐之中，决胜于千里之外，吾不如子房。镇国家，抚百姓，给（jǐ）馈饷（kuì xiǎng），不绝粮道，吾不如萧何。连百万之军，战必胜，攻必取，吾不如韩信。此三者，皆人杰也，吾能用之，此吾所以取天下也。"

老子在《道德经》里说过，"知人者智，自知者明"，高皇帝两个方面都占了。他既能赏识别人，又有清晰的自我认知，当着群臣的面，承认张良、萧何、韩信是他取得天下的关键。也正因为高皇帝的这段评语，后来人们把这三人称为"汉初三杰"。这三个人，萧何管后勤，保持汉军的血槽永远不空；韩信主输出，地表最强军事家；张良呢？等他出场的时候再说。今天先看萧何。

萧何和高皇帝也是沛县老乡。和不学无术的高皇帝不同，萧何是个文化人，熟悉法律条文，老早就是秦朝的公务员了——给沛县县令当助手，后来又到泗水郡工作，年终考核总是第一名。可见他的业务能力很强。

也不知道这么大身份差距的两个人是怎么交上朋友的，总之，高帝还是平民的时候，作为官吏的萧何就经常保护他。后来高帝混到泗水亭长，萧何就以超高的业务水平偷偷帮他处理工作。等高帝领到任务要去咸阳服役，官场老同事们都送他三百钱，只有萧何给了五百。这感情，绝对是铁哥们儿了。记住这个知识点，后面要考的。

高帝起兵开始自主创业，萧何也跟着抛下工作，甚至抛家舍命跟他一起干，帮他处理各种琐碎的公务军务。

高帝打进咸阳后，大部分将军都争着进国库抢金银玉器等宝贝，只有萧何特立独行，跑进图书馆先抢救了秦朝丞相、御史掌管的法律诏令和图书典籍。不仅救书，萧何还强迫高帝阅读，所以，高帝很快就把天下大局搞清楚了。比如哪里有险要关塞，各地有多少人口，民间在遭受什么苦难……凭着这些如同剧透的经验，高帝才能对天下精准布局。

高帝当汉王，和项羽开启争天下的模式时，萧何以丞相的身份留在后方治理，像个超级大奶爸一样，给大汉军队源源不断地输送粮草和士兵。所以哪怕高帝屡战屡败，有饭吃的汉军精气神始终没垮。为大汉搞定大半个天下的韩信，也是萧何强烈推荐的。

那么问题来了，有没有一种可能，萧何是个野心家，把高帝和将军们都当打工人使唤，自己在大后方经营，赚取民心，然后

抢班夺权呢？敏感而多心的高帝确实曾有疑虑，但萧何这人做事太让人放心了。虽然工作都是他做的，但是无论要搞什么大动作，萧何都会提前跟高帝报备一声，得到同意才会执行。有时候事情紧急来不及汇报，他自己酌情处理以后，还是会上交工作方案。所以，几乎萧何的所有工作，高帝都亲自检查过。

　　和项羽战事最紧张的时候，高帝的敏感病又犯了，频繁派人去问候萧何。经人点拨，萧何把家族男性成员都快递到军中效力去了。划重点，这一点也是要考的。

　　高帝终于赢得了天下，功臣们坐在一起讨论封赏分肉，吵了一年多，谁也不服谁。高帝站出来，把萧何定为了第一名。群臣集体反对，说萧何这种舞文弄墨、靠嘴皮子发发议论的，竟然比他们这些脑袋别在裤腰带上的人功劳还高，明显不对。高帝笑了笑，拿出一个恰当的比喻："你们都打过猎吧，知道猎人和猎犬的区别吧！撕咬野兽，给它们致命一击的确实都是猎犬，但发现野兽，精准定位它们，让猎犬有力气可以挥洒的是猎人。萧何就是这个猎人，他是'功人'，你们只能算'功狗'。"此话一出，大伙儿都无话可说。毕竟谁都知道人和狗的地位差别，出苦力的永远比不上出脑力的。

见所有人都不吱声，高帝又说："而且，你们跟着我打仗，多的也不过一家出了两三个人，萧何可是把整个家族几十号人都投到我军中了。"好吧，你是老大你说得对。群臣终于没意见了。

为了说服大家，高帝竟发明了"功狗"这个词。啊，别误会，这可不是骂人是狗，积极参与到人类生活的狗早就是我们最忠实的朋友了。

定位了功劳，大家还要求给臣子们排个位次。张良、韩信这种合作伙伴式的不算，从军功看，冲锋陷阵和受伤最多的都是曹参。高帝也认可曹参的勇猛，但更不想委屈萧何。恰好，有个人懂皇帝心意，跑来为萧何说话，列举了每次高皇帝被打得丢盔弃甲时，萧何就像及时雨一样送来粮草和兵源。他认为，曹参这种人功劳大，但只是一时的，而且非常具有可替代性，没有这个曹参，也会有那个刘参、王参、李参。而萧何既是不可或缺的，贡献更是万世不朽的。高皇帝心说，妙啊，忙又把萧何定为了第一名，并给了他相国的官职。

定好了名次，接下来就要分封了。因为前面那比别人多出来的两百钱，高皇帝特地给萧何加了两千户的封地。如果这是一场投资，也算利滚利的高额回报了。

不过，所谓伴君如伴虎，花团锦簇的人生没享受多久，萧何就陷入了高度紧张中。大汉建立后，那些异姓王频繁扯旗造反，高帝只能亲征压制，风吹日晒，把大后方又交给了萧何。萧何本来就得人心，现在功劳又大，封赏又多，让多疑的皇帝怎么放心？在门客的建议下，萧何恍然大悟，不仅把家产都捐出去给皇帝打仗，还故意在百姓心里败坏自己的名声，用低价跟老百姓抢田。听到民众对萧何的举报和投诉，高帝这才放心了。你瞧，在皇帝手下做事，完美无瑕是不受欢迎的，非得有点儿小毛病。

哪怕萧何已经做得这么低调完美了，高帝还是让他受了一次牢狱之灾。起因是萧何请求高帝把上林苑闲置的空地拿出来，让百姓们耕种。高帝认为他是收了百姓的钱财，才帮他们提出这么非分的要求。在高帝看来，萧何还没有做到李斯的觉悟——有功往上推，有过自己担，反倒想用自己的上林苑来讨好百姓。幸亏有人一番有理有据的分析和规劝，高帝才释放了这位忠心又厚道的老队友。

说到这里，我想说说我写历史的心得。我们看历史，尽量不要共情那些掌握生杀予夺大权、动辄让人坐卧不安的人有多伟大，而应该多看君子，从他们身上汲取智慧，再恰当地运用到自己的为人处世中。这才是读史使人明智。

史记原典

依日月之末光，何谨守管籥（yuè），因民之疾秦法，顺流与之更始。

——《史记·萧相国世家》

译文 依靠高帝和吕后的支持，萧何谨慎地守着自己相国的职责；因为知道民间痛恨秦法的苛刻，顺应潮流地做了更新。

"成也萧何，败也萧何" 说的是谁？

"成也萧何，败也萧何"是个成语。这个成语故事的原型人物就是"汉初三杰"中的萧何和韩信。

当初，韩信是萧何强烈推荐给刘邦，从而当上上将军，为汉朝攻城略地的。后来，刘邦有心除掉这些潜在威胁，吕后赶紧助力，让萧何写信骗韩信进宫搞庆功宴。如果是别人邀约，韩信不一定相信，就会请病假。可萧何对自己是有知遇之恩的，韩信没有犹豫就去了，于是被吕后杀死在宫中。韩信的成功和死亡，都是萧何做推手，后来的人也用这个成语表示成败都因一个人。

张良
藏在帷帐里的男人

    "汉初三杰"说完了两杰，张良呢？他是最关键的一环。无论是韩信还是萧何，从大方向来说都是辅助型，属于听命行事，指哪儿打哪儿的。而张良是指挥策划型人才，我们大汉的每一步，都要他确定路线方针。要是用道家的话夸张点儿说，张良就是宇宙里的一，一生二，二生三，然后才能发展出后面的千千万万。

    这样一个最强大脑是啥来头呢？

    严格来说，"汉初三杰"里，论"王侯将相"的"种"，张良是最尊贵的。他是战国时期的韩国贵族，父祖几代都是韩国的丞相，如果不出意外，张良也能混个世袭的丞相当当。可惜，意外来了，六国里第一个被灭的就是韩国。砸人饭碗，这绝对算深仇大恨了。于是，始皇出行路上遇到的那么多刺杀行动，就有张良送出的大铁锤惊喜——他请了位大力士，造了一把一百二十斤的铁锤，准备用大锤捶破始皇胸口。然而，都说久病成医，始皇已经是"久刺长记性"。每次出游，始皇都要准备很多备份车辆，让人猜不着他到底坐在哪儿。张良的大锤子，不巧就只砸中了始皇的副车。

虽然没造成伤害，但杀人未遂也是罪，更何况是刺杀皇帝。张良只能改名换姓，躲在一个叫下邳（pī）的地方生活。据说，张良那个高智商的脑袋，就是在此充值成功的。

那还是一个很奇妙的故事。有一天，张良在桥上闲逛，有个穿着简陋的老头儿走到他面前，故意把鞋子踹到桥下，瞄了一眼张良："年轻人，你下去给我捡鞋。"张良心说，糟老头子坏得很，本想打他一顿，但看到他胡子都白了，还是忍住怒气，默念了一遍"尊老爱幼是中华民族的传统美德"，把鞋捡了上来。老头儿斜视一眼，把脚一抬："给我穿上！"张良觉得好笑，但捡都捡了，

还差弯腰跪地给人穿个鞋吗？就继续好人好事做到底。

刚把鞋给老爷子穿好，大爷一句谢谢都没有，哈哈哈哈一阵狂笑就走了。作为贵族，张良打交道的都是有素质的人，还没见过这么不懂社交礼仪的，惊得一脸蒙，望着大爷离去的背影没回过神。不一会儿，又见老爷子回来了，抛下一句："你这小伙子不错，值得我教育，五天后天亮时你还在这里等我。"

难道是个高人？张良琢磨不明白，只好决定按时赴约。结果，五天后的一大早，等张良到达桥上，大爷已经等在那里了，非说张良迟到，生气地走了，要他过五天再来。为了弄清大爷葫芦里卖啥药，又一个五天后，鸡一叫张良就去了。可张良没老过，不知道老年人后半夜醒了就睡不着觉，还没走近，就看见桥上有个身影。张良心说糟了。果然，大爷又以迟到为由一顿批评，约他下一个五天后再见。

换了是你，是不是已经怒气值刷到最高点了？张良盘算过，十天都陪他浪费了，如果就此放弃，时间成本不就沉没了吗？不如再等五天，瞧个究竟。五天后，吃够教训的张良眼睛都不敢闭，不到半夜就到桥上等了。这次终于赶在了前头，张良长舒一口气。过了会儿大爷也来了，很高兴张良是个可以调教的人，神秘地从怀里掏出一本秘笈（jí）："学好里面的内容，就可以让帝王喊你老师了。"说完人已消失。当时天乌漆麻黑的，张良也不知道手里揣了本啥，直熬到天亮才看清，是本《太公兵法》。哪个太公？自然是前面学习过的姜太公。

学到了没？以后遇到神秘的大爷，一定要管好自己的脾气哟。

至此，张良自身的经验刷得差不多了。没多久，助力他成功的一个外力也来了——项羽的亲叔叔项伯。项伯杀了人，跑到当时的"罪犯逃命集中营"下邳猫着，早已混成地头蛇的张良好心带着他藏身，两人结为至交。

再之后的故事，又到大家能抢答的环节了。十年后，陈涉嚎了一嗓子，正式宣布要推翻秦朝的摊子。一时间，天下炸锅，过去的六国贵族纷纷带头抢回祖先的地盘。此时，张良身边也聚集了一百多青壮年。他本想去投奔代理楚王景驹，走到半路，遇到了也已经高调反秦的高皇帝，呃，这会儿他还只是沛公。沛公带着几千人要打下邳，张良干脆就跟了他。两人见面后，张良经常拿《太公兵法》的内容为高皇帝指点迷津，没想到，文化程度不高的高皇帝不但能听懂，还给出了三连赞。这让张良默默认定了两件事，第一，这书不是盗版；第二，沛公这主人，他跟定了。

　　不过，张良也曾短暂性离开过高皇帝。那时，项羽的叔叔项梁凭借实力，成了反秦队伍的领头羊，张良不忘初心地前去游说，希望借力恢复韩国。项梁同意后，张良就回到了祖上奋斗过的地盘，帮新立的韩王去了。不过，韩国运气太差，被秦军亲自盯盘，只要他们拿下几座城，秦军很快又能抢回去，仗打得辛苦又不讨好。还是高皇帝来了，两军联手，才夺回了韩国十几座城。

　　高皇帝把地交给韩王守着，自己带着张良一起继续东征西讨。一路上，张良都在给刘邦燃烧大脑出主意。很快，高皇帝就在项羽之前打进了咸阳，接受了秦王子婴的投降。大秦宣布倒闭！

　　没错，接下来，楚霸王要摆鸿门宴了。在惊心动魄的舞剑环节，项伯出手救下了高皇帝。项伯之所以宁愿背叛大侄子也要救人，完全是因为张良的面子。

　　因为高皇帝的及时认尿，楚霸王一时心软，把他分到巴蜀去当王。别看是个王，但地理位置实在太偏，几乎约等于告别历史主舞台了。还是张良找项伯帮忙做说客，项王于是顺手附赠了整个汉中，高皇帝终于修成了汉王。张良知道项王那里并没有放松警惕，又燃烧脑细胞，烧掉了进出口的栈道，对外表示：我们就在这旮旯里住，不想出去了。

再后来，就是韩信的明修栈道，暗度陈仓。偷溜出去的高皇帝终于拉开了与项王争霸的历史序幕。在此期间，萧何为高皇帝留住了韩信，张良又拉拢了英布和彭越两位战将，终于把楚霸王加急送到了地府。

别看张良这么牛，但其实，他是个柔弱的男子——体弱多病。所以，张良自己从不带兵打仗，全天住在高皇帝大帐里，啥大事两个人就在帐篷内敲定了，堪称高皇帝背后的男人。这就是高皇帝赞誉的"运筹帷幄之间，决胜千里之外"。

等我们大汉集团成立，论功行赏时，高皇帝大方地要给张良三万户的税收。张良低调推辞，说他俩相识在留县，为了纪念那场相遇，就让他当个留侯吧。这一番话，也太感人了。

再悄悄告诉你们一个秘密，当初看张良的故事，我脑海里浮现的是个魁梧的男子，可等我见到他的画像就震惊了，他竟然长得像个漂亮姑娘……

忠言逆耳利于行，毒药苦口利于病。

——《史记·留侯世家》

🔖 译文 忠诚的话虽然刺耳却能让人改正错误，有毒性的药虽然苦却能治病。

🔖 赏析 现在通常说成"良药苦口利于病，忠言逆耳利于行"。刘邦打下咸阳，进入秦王宫殿后就不想走了，樊哙劝他也不听。这是张良劝刘邦不要贪图享乐、要听樊哙之劝时说的话。

西汉·张良

"张良"是天上的星星？

古人的名和字之间大多会有某种关联。比如张良字子房，看起来好像不搭界，实际上，这名和字都跟星星相关。

良是王良星，是古代的一个星官名，属于二十八星宿的奎宿。用西方的名称，属于现在的仙后座。房是二十八星宿中的房宿。星官是古人观测出来的恒星，因为观测设备有限，这些被命名的星官有可能是一颗恒星，也有可能是几颗距离相对较近的恒星。"星宿"则表示很多恒星住在那儿，所以，一个星宿可以包含很多星官。张良的这个名和字，已经不在地面，而是在需要仰视的九天了。

史记文学小课堂 — 人物刻画

通过典型细节刻画人物

细节描写是文学作品塑造人物形象的重要手段之一。司马迁为人物作传，除了抓住人物一生中最为重要的大事件，还特别注意选择那些能很好地表现人物性格的小细节。

比如《陈涉世家》中，陈胜在打工种田时发出"燕雀安知鸿鹄之志"的感慨；《留侯世家》中，张良遇到蛮不讲理的桥上老人时的心理变化过程；《陈丞相世家》中，陈平为乡亲们分肉，因为公平公正受到大家一致好评时，说出"使平得宰天下，亦如是肉矣"，如果有一天让我主宰天下，我也会像这次分肉一样公平！

这些让人过目难忘的小细节，对于表现人物的性格特征、志向抱负起到了很大的作用，有些甚至和人物一生的发展都有紧密的联系。

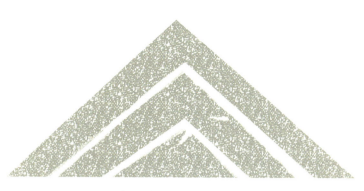

刘敬、叔孙通
低调二人组

　　今天，我邀请了两位在我大汉功臣光荣榜上不那么著名，却也很重要的男嘉宾来《太史公书》做客。他们一个叫娄敬，一个叫叔孙通。先有请第一位娄敬。

　　打败楚霸王以后，高皇帝带着一家老少和老伙计们住进了华丽的洛阳宫殿里，打算把那儿当作我们大汉的家。毕竟，洛阳作为周朝的都城有八百年历史，这种长寿吉利的好运，我们大汉也想沾沾边嘛。

　　然而，齐国人娄敬不同意了。他本来正要去陇西服役，走到洛阳，非要拐个弯进城见见天子。刚建国那会儿，大伙儿都没啥架子，有人想见天子，高皇帝就会抱着战国君王那样的谦卑态度想，又有人要教我做事？总之，得见天颜很容易。才一见面，只见娄

敬那张不大的嘴就像连弩一样，巴拉巴拉来了一篇五百字的小论文，中心思想就一句话，洛阳不行，首都还是秦朝的老地方好。

其实，长安和洛阳都曾是周朝的首都，可洛阳是天下之中，交通便利，比坐在函谷关内阔气多了。而且，老伙伴们的老家大多都在太行山东边，大家对西边的秦地都有点儿地域歧视，纷纷投了反对票。最后，还是藏在帷帐里的男人张良出来一锤定音：想成功，去关中！

高皇帝给了张良充分信任，听完消息当天就叫了搬家团队，到关中建都去了。自此，关中核心城市长安就成了我们大汉的首都。

想起这是娄敬的主意，高皇帝顺手就给了他一个郎中的小官当当，然后又玩了把模糊的谐音梗，非说"娄"就是"刘"，要给人家改姓。他这一尝试，就给后来创造了个"赐姓"的奖励方式。给你个跟皇帝同姓的待遇，那就是拥有国姓的荣耀了。

这之后两年，汉初的那些异姓诸侯王进入了频繁的躁动期，韩国的后代韩王信宣造反，还跑去跟北方的匈奴勾结。高皇帝刚战胜力能扛鼎的项王，哪能服气，当即就打算去跟匈奴掰掰手腕。当时的匈奴冒顿（mò dú）单（chán）于，那也是全身心眼子，汉军一来，他就摆点儿老弱病残在外面歪歪斜斜地站岗，骗得高皇

帝自信心爆棚。哪怕刘敬说这是个坑，高皇帝也死活不信，还把他给关了起来。

看到这里你可能会想，这事肯定有反转吧？高皇帝会不会是将计就计，才把指出问题的刘敬雪藏起来呢？嘿，这事没那么多弯弯绕绕，就是高皇帝膨胀和大意了。于是，结果就变成了高皇帝带着大汉几万人马亲自送人头，被围在了匈奴老家附近的白登山上，饿了整整七天，最后还是另一位智商天花板陈平给解的围。这堪称建国以来第一耻辱事，也为我家皇帝好好上了一堂反向励志课。

面子丢到千里之外，回去后，高皇帝不像一些固执又暴躁的君王，尽情无能狂怒，而是赶紧把刘敬请了出来，亲自道歉说自己错了。为了表示诚意和对刘敬眼光的佩服，高皇帝给了他两千户税收的关内侯。别说，在大丈夫能屈能伸这一块，高皇帝是真的高。

认识到匈奴是个不友好的邻居，以后可能还要比试比试，高皇帝很头疼。又是刘敬提出了一个影响深远的邦交方式：嫁公主和亲。虽然刘敬最初提议嫁皇后的亲闺女，但吕后坚决不肯，最后只好找了个宫女做简单培训，送到匈奴和亲去了。而让宫女代公主出嫁，也成了我们的传统。这种邦交问题"亲戚化"的方法，虽说多少有点儿耻辱和不厚道，不过确实能减缓不少兵戎相见。刘敬是绝对的有功之臣。

第二位男嘉宾叔孙通，按春秋时代的地域划分，他是薛国人，按战国国籍，他是齐国的薛地人。联动一下，还记得前面的哪位也跟薛地有关系吗？嗯，孟尝君田文。他拿税收的封地就是薛地。

叔孙通是个儒家弟子，秦二世时，因为说谎迎合二世，混到个文学博士的官职，搞得说真话而惹怒二世的朋友们都有点儿鄙视他。正所谓，世道不好你却混得好，那你人品肯定有问题了。其实，叔孙通并不是小人，他只是很擅长变通，有点儿孔夫子当年发誓又马上反悔的灵活性。他也并不想给二世打工，更不是因为想当这个低年薪的官，只是为了保住性命。所以，逃过一劫出来后，他麻溜收拾东西逃回老家去了。

刚回家，发现天下正在反秦，而薛地已经被项梁占了，于是他就开始跟着项梁混。之后，叔孙通像很多秦末汉初人的工作简历一样，项梁死后，他们像遗产一样归于项羽，又因为不满项羽，最终投靠汉王，变成我们大汉的人。

大汉完成统一后，叔孙通终于有了用武之地。作为一个饱览经书、博学多才的人，他的对口专业是礼仪方面的工作。所以，他在大汉最大的贡献，就是帮我们确定了礼数。这个过程，说起来还挺有画面感的。

高帝五年（公元前202年），高皇帝在定陶称帝，终于到了开庆功宴的时候。抛头颅洒热血挣到了原始股，那帮一起打天下的老伙计们就像脱缰野马，每天喝酒狂欢。一喝醉，那真是丑态百出：有扯开嗓子胡说八道的，有你争我抢比谁功劳大的，还有不善言辞的拔了剑对着柱子一顿狂砍……要风度没风度，要仪态没仪态。高皇帝看着他们头疼不已。关键时刻，叔孙通站了出来。他偷偷观察好久了，揣摩清楚高皇帝的心思，就自荐要修理一下朝廷的礼仪。

作为一个不学无术、生性散漫的人，高皇帝向来对儒家有偏见。他最不喜欢的就是儒家那些繁复的东西，第一反应就是："又要变成那么烦琐的？"叔孙通赶紧表示："咱可以搞成缩减版呀。"望了望群臣酒后丑态，又想了想儒士们那么多礼节，高皇帝叹了口气，不无担忧地叮嘱："行，你试试吧。但不要太难了，要考虑我本人能不能做得到。"这真是，也不知道哪套儒家礼仪把他整出恐惧症了。

接到任务的叔孙通，迅速把当初怪他不提拔自己的弟子们拉进来展开工作，给大汉员工进行礼仪培训。搞了一个多月，成效显著后，时间已经到了十月。十月是个重要时段，你可能已经知道了，在我没有提倡修改历法之前，这可是我们一年的开始！

这个月，所有分封出去的诸侯都要回长安来参加新年典礼。巧的是，高皇帝让萧何主修的一座宫殿——长乐宫也在这会儿竣工。在新宫殿里庆新年，这么盛大的仪式，肯定不能再让那群大老爷们咋咋呼呼了，这套工作又被交给了叔孙通。

　　叔孙通当然又是超额完成任务。宫殿两边摆什么器具，各级别的官员按什么次序排队、站哪个方位，皇帝坐啥车、啥时候入场，向皇帝敬酒送祝福怎么搞……一切都有条不紊。

　　经过这一通最隆重的"尊君"环节，高皇帝人都快飘了，以前从没觉得当皇帝这么尊贵呀。于是他大手一挥，肯定了叔孙通的专业技能，让他当专管礼仪的太常，并赏了五百斤金子。叔孙通是个职场好领导，没有白使唤人独占风头，当即带着弟子们一起出场，向高皇帝讨官。等出了门，叔孙通又把五百斤金子全部送给了弟子们。大家这才觉得，原来叔孙先生是个圣人呀。

　　两年后，高皇帝又让叔孙通发挥文学才能，去给太子当老师。太子也就是高皇帝的嫡长子，后来的惠帝，刘盈。所以，后来高皇帝因为想跟吕家势力一刀两断，搞了一出废太子风波时，叔孙通高调反对，甚至还威胁要用命护徒弟。可想而知，他后来在惠帝和吕后朝，生活一定比较幸福。

　　我之所以把这两个毫不相干的人合在一个列传里写，主要是因为他们的共同性——都是这种"定江山"式的人。一个帮大汉确定了首都，一个维护了我们的精神面貌。虽然我不知道这长安城能不能跟大周的八百年相比，但在我心里，刘敬是建了万世安宁，叔孙通也是我大汉的儒宗。

史记原典

　　千金之裘，非一狐之腋也；台榭之榱（cuī），
非一木之枝也。

——《史记·刘敬叔孙通列传》

译文 值一千金的裘皮大衣，不是一只狐狸腋下的皮能缝出来的；楼台亭榭的椽（chuán）子，也不是一棵树的枝干能造出来的。

赏析 这是比喻每一种成功，都不是一个人的英雄主义，而是众人的力量。后来的"众人拾柴火焰高"，也是同类俗语。

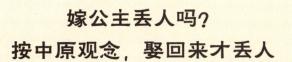

嫁公主丢人吗？
按中原观念，娶回来才丢人

　　刘敬提出的和亲政策，贯穿了自他以后的整个中国古代。对这套方法，历来褒贬不一。褒扬的从大局着想，以牺牲少数、保护多数的逻辑，认为非常合理；贬损的人则认为，用女人换和平，既不公平，也是对王朝男人的侮辱。

　　褒贬双方其实没法辩出一个绝对的是非。不过有一点值得说明，在中国古人的观念里，嫁公主出去，远远比娶一个外族公主回来有面子。一是因为伦理身份上的优势，把公主嫁出去，中原就是外族的岳父或大舅哥；二是古来的"华夷大防"，让他们难以接受外族人来"混淆"自己的血统。早在周朝时，中原人就有严重的地域或文明歧视，认为周边的少数民族落后、野蛮，只能跟禽兽为伍。这种观念也贯穿了整个古代。所以，自恃文明人的中原王朝，可以嫁一两个女儿出去和亲，却很难接受娶一个外族的女人进来。在他们眼里，嫁公主，还可以解释成是对落后文明的赏赐，而娶个异族公主回来，那是自降格调，自身也要野蛮化。

曹参

歇会儿，才能走得更远

　　高帝十二年（公元前 195 年），高皇帝刘邦在亲征英布的时候被乱箭射伤，躺在床上哎哟啊呀地呻吟，等待着死神的宣判。本来吕后还想再抢救一下，可高皇帝也是个老人家了，身体素质不如以前，心理防线也差不多崩溃，全身病痛让他不堪忍受，愣是把医生给赶了出去，强烈要求放弃治疗。吕后无奈，只好趴在榻边问后事："陛下百岁之后，跟你差不多年纪的萧相国或许也不在了，谁来做我大汉的顶梁柱呢？"

　　面对自己辛苦打下来的江山，高皇帝希望它能千秋万代地传下去，于是说出了自己心仪的人："曹参可以接替萧何。"吕后继续追问："曹参之后呢？"高皇帝说："王陵可以。不过王陵这个人比较刚直，还需要足智多谋的陈平来辅佐调和一下。陈平虽然很有才华，人也圆滑，但难独当大任。周勃话比较少，人也敦厚，以后安定我们刘氏江山的必定是他。"咳，请记住这些名字，后面要考的。

吕后边听边点头，又问然后，一心求解脱的高皇帝来了一顿嘲讽："够了吧，再以后你看得到？"吕后只好收嘴，准备给老丈夫安排后事。

那么，高皇帝第一个提到的曹参是谁呢？比起"汉初三杰"，曹参的知名度显然不在一个档次，他是凭啥独得信任的？

说起来，萧何、曹参和高皇帝三人还是老乡。在高皇帝还没发迹之前，萧何和曹参就"考上"了秦朝的公务员，在沛县当小吏。萧何在县政府管小吏们，曹参的工作是狱掾（yuàn），相当于县城里的狱警，两人当时就是当地有名的人物了。然而，还只是小亭长的高皇帝人格魅力更大，把两个比自己地位高的官员吸引成了粉丝。所以，当他起兵时，他们都抛弃公务员身份入伙反秦了。

曹参原本的工作算是武职人员，起兵后也一路带兵四处攻城略地，基本打哪儿哪儿被降服，从县到郡，一个个将其收入囊中。就这样，曹参一路跟着高皇帝进入了咸阳，算是贴身近臣。

到楚汉争霸那几年，曹参继续担任高皇帝的先锋大将，发挥了很大作用。已经降汉的魏王豹反叛时，曹参和韩信奉命前去平叛，活捉了魏王豹，平定了魏地。接着，曹参继续跟着韩信往东攻灭赵国。一直在楚、汉两大阵营之间摇摆不定的齐国，也是曹参协同韩信去拿下的。打下齐国首都临淄后，楚汉争霸也进入了关键时刻，高皇帝在线召唤韩信去垓下合击项羽，曹参则留在齐国，继续把那些还没有完全臣服的地方踩踏实。

你瞧，除了垓下之战，创立大汉一路大大小小的战役，曹参几乎从不缺席。我小小统计了一下，曹参收服了两个诸侯国，一百二十二个县；抓到的主要俘虏有诸侯王二人，诸侯国的丞相三人，将军六人，郡守、司马、军候、御史等各一人。说他战功赫赫完全不为过。

于是，高皇帝给儿子和功臣们发红利分封时，曹参被分到了平阳，实际享受一万零六百三十户的税收，是实实在在的万户侯。除了当侯爷，高皇帝还给了曹参实际的任务——给自己的大儿子齐王刘肥当丞相。于是曹参一心一意在这里搞文化建设。

曹参先是开了个动员大会，请当地的老人家和一些读书人过来讨论，应该怎么治理齐国。老年人生活经验多，读书人见识广嘛。最后，讨论来讨论去，曹参敲定了以黄老学说治理的基调。

黄老学说的内核就是清静无为。所谓清静无为，是建立在朝廷稳定、政令已经清晰的局面下。啥都确定后，政府就不要过多干涉老百姓怎么生活了。这种不干涉是民间完全自治，官府如果说一句"你们怎么还不开始插秧，还不开始种麦子"，都算是一种干涉。因为官府一旦问了，就会造成民间的紧张情绪，担心又有什么新指示下来，是不是粮食要增产，是不是土地税要增多？让人非常头大。所以，朝廷只用制定好大框架，社会各层各司其职，不被干扰的老百姓自然会将自己的生活打理好。

这大概就是一种"最低限度"的政府吧，它存在就像不存在一样。只有在天灾年间，才需要政府施以援手帮百姓渡过难关。这样的清静无为，是大乱之后最好的措施。在曹参的主持下，齐国恢复得很好，人口差不多能赶超晏子吹牛的"张袂（mèi）成阴、挥汗成雨"了。

后来，就像吕后预言的，高皇帝去世后，萧相国没多久也跟着去了。他死前给新皇帝惠帝推荐的丞相接班人也是曹参。这完全在曹参的意料之内，所以，萧何寿终正寝的消息一传来，他就

跟身边的人说："快收拾收拾，咱们要去首都浪了。"

对，没说错。当上中央丞相后，曹参开启了放浪形骸的生活，每天起床后的工作就是喝酒，整个丞相府都跟着喝。有人觉得，朝廷军政大员如此颓废，肯定会步入秦朝老路，要完呀。出于好心，不少人壮着胆子去劝，可无论谁来，只要踏进丞相府，曹参马上勾肩搭背招呼："啊，来来来，兄弟喝酒。"一杯接一杯，就是不让人开口说话。一直喝到大家都烂醉如泥，灌酒才结束。

所谓上行下效，其他官吏见领导都这副做派，也有样学样，每天喝酒唱歌，搞得办公室的后院堪比菜市场，嘈杂不堪。几个还想认真工作的人脑袋都要炸了，只好去请丞相出面制止一下。曹参走过去一看，哎呀，这里比我办的酒席还嗨，当即让人在这儿摆上，自己也喝喝唱唱上了。

　　除了喝酒撒欢儿，曹参完全不改变萧何制定的任何规章制度。而且，他只喜欢那些不善言辞的厚道人，所以每次丞相府招聘的时候，他只挑看起来木讷（nè）的人，那些对文字精雕细琢、严厉苛刻的，一律开除。

　　惠帝眼见着曹参一天天摸鱼，心说这不是欺负自己年轻吗？琢磨了一段台词后，就偷偷让曹参的儿子曹窋（kū）去问问情况。曹窋问爹："先帝驾崩了，新皇帝还年轻，您作为一国首相，整天喝酒不管事，有事也不跟皇帝请示、通气，您对国家大事到底有没有过考虑？"曹参被质问得气不打一处来，那就打儿子一顿吧！两百大板，打得曹窋第二天上班的时候一边摸着屁股，一边扶着腰走路。惠帝一看，咋还挂彩了呢？马上把曹参召来，气呼呼地问："昨天的话是我让小曹说的，你打他是什么意思？"

　　曹参不慌不忙地脱下帽子道歉，然后对惠帝来了一段灵魂拷问："我想问问陛下对自己的定位，您觉得自己和高皇帝比谁更牛？"儿子怎么能跟老子比，惠帝想也没想连忙说："我怎么配跟先帝做比较？"

　　曹参又发问："那么陛下觉得我和先相萧何比谁更牛？"惠帝想了想，比较给面子地加了不确定的定语："您似乎好像可能也许……比不上萧何。"曹参笑了："陛下自信点儿，请把那几个词去掉。我对自己的定位很清楚，我就是不如萧何呀。高皇帝和萧何一个平定了天下，一个制定好了律令，所有的路都铺好了，咱们两个不如他们的人，一切按他们规划好的执行不就行了吗？陛下您也不用那么劳累，垂着衣服拱着手，天下就能持续安定，稳步发展啦。"

　　听了这一通说法，惠帝心里尽管很不服气，但一时又找不到反驳的话，似乎他偷懒、不务正业都是对的，谁不让他喝酒消遣，谁就是破坏法律第一人。最后，惠帝只好无奈地说："行了，大爷您先歇着吧。"曹参领命："好嘞！"然后继续回家喝酒唱歌。

这段故事，后来还出了个"萧规曹随"的成语。

曹参强烈要求不干活的效果怎么样呢？如果用文绉绉（zhōu）的话说，那是天下晏然，如果直白点儿，那就是效果好极了！

大凡天下陷入混乱，总是史书上大书血泪的时候，而治世里的歌舞升平，往往只有一笔带过。其实，正是这些被一笔带过，看似不值得细细说道的时期，才是百姓生活最安稳，人民幸福指数最高的年岁。对汉朝前几十年的安稳，曹参完全有资格说一声："我领航过！"

曹参在丞相位置上待了三年，然后也寿终正寝在自己家的大榻上。为相期间，他最大的亮点就是宽容，喜欢帮人隐藏小错，保住了不少人的工资，也免了不少人的皮肉之苦。所以，虽然曹参在历史上存在感没那么强，但在当时，他的人缘绝对全国第一，大汉集团年度最受欢迎男职员的称号非他莫属。

史记原典

萧何为法，颟（jiǎng）若画一。曹参代之，守而勿失。载其清净，民以宁一。

——《史记·曹相国世家》

译文 萧何制定的章程法令，明确划一。曹参接替成为丞相，遵守法度不改变。那套清静无为的做法，让百姓得到了安宁。

在汉朝，县令和县长也是有区别的

当代的行政区划是省、市、县，汉代相对简略，采取的是郡县制。

郡的级别相当于我们现在的省，底下有很多县。那时候，一个县有大有小，以人口数量为标准。大一点儿的人口在一万户以上，小的一万户以下。大县的长官叫县令，小县的才叫县长。唐诗里常说的"万户侯"，其实也就只能吃一个县的税收而已。这在汉代几乎是功臣的标配。

吕后
做命运的主人

　　吕后，高皇帝的原配夫人，大汉王朝最尊贵的初代女主人，她的故事很精彩，也有点儿难讲。吕后单名一个雉，就是野鸡的意思。她家有兄弟姐妹四个，两个哥哥，一个妹妹。他们一家六口，都是因为高皇帝才能进入我的笔下。

　　吕后是怎么认识高皇帝的呢？这得从一次移民说起。

　　吕后的父亲吕公跟沛县县令关系不错。那年月，没跟人结仇都不好意思出来混。吕公为了躲避仇家，就移民到了有"保护伞"的沛县。小县城通常没啥新消息，县令有朋自远方来，瞬间就传开了，大家都想跑去送祝福。县令也不客气，主动承办宴会，想来送祝福的，都得给钱，还设了个限额：不满一千钱的只能坐在堂下。这算是那时候的付费社交。

　　当时还是泗水亭长的高皇帝听说后，抬脚也走到了宴会门口，对着在门口收钱的工作人员萧何高喊了一句他要"贺钱万"。这一嗓子瞬间就把里面的吕公吸引住了，心说此人如此阔绰，这朋友咱交定了，赶紧出门来看。见到本人后，吕公不仅决定要交个朋友，还想收个女婿，拉着高皇帝的大手就把他带进了宴会席。

　　萧何见领导的贵客出门来迎接高皇帝这个骗子，当场拆穿说："刘季这人喜欢吹牛，肯定是骗你的。"可吕公有自己的看法。他擅长看相，也很相信自己的专业技能，见到高皇帝的那一瞬间，他就算出了这老小子以后一定会成功。

　　宴会结束大家散场，吕公还拼命对高皇帝使眼色让他不要走。等众人散去，吕公又亲切地握着高皇帝的手，说他有个闺女愿意给高皇帝当个扫地的妾。高皇帝心说，你人还怪好的嘞，又送酒又送媳妇，要是拒绝就不礼貌了。就这样，刘吕两家联姻成功。

哪怕吕老太太不同意，吕公也以自己能参悟天机为由，一力促成了这门亲事。

喜结良缘后，吕后并没有如愿过上爹预言的好日子，只是农田里多了一个务农的妇女，和两个活蹦乱跳的孩子。等高皇帝开始觉悟，揭竿而起后，他又成了缺席的家长，经常东躲西藏，吕后宛如单亲妈妈，一个人一边劳动一边照顾一双儿女。再后来，楚汉争霸，吕后和孩子们还一起被项羽绑票威胁，受尽了苦楚。

好不容易熬到高皇帝力挫项羽，成功夺取了天下，可他身边已经另有佳人——在定陶遇见的戚氏。虽然高皇帝把皇后和太子的宝座给了吕后和她的孩子刘盈，可戚夫人总想撬墙脚，让自己的儿子如意取而代之。更可怕的是，高皇帝也真有这个心思。他曾经试探性地在朝堂上提出这个议题，遭到了大臣们的集体反对。其中御史大夫周昌更是把本来就不灵活的舌头急得打了结，一番话说得磕磕巴巴，引得大家哄堂大笑。高皇帝见这事不好办，这才转移话题，缓一缓再说。吕后躲在门后听得胆战心惊，下了朝就哭着去找周昌下跪感谢。

没想到，成了天下最尊贵的女人，还是要过这样朝不保夕的日子。在一次次失望中，吕后知耻后勇。男人靠不住，那就当他的政治伙伴，让他踹不掉自己吧。于是，她的性格变得越来越刚毅。高皇帝对那几个占了天下大半地盘的异姓王心里发怵，吕后就出手帮他收拾，韩信、彭越，这些战场上无敌的将军，全都死在了吕后手上。加上两位哥哥吕泽、吕释之在打天下的时候也争气，出钱出人出力气，吕后的政治地位稳如磐（pán）石。在戚夫人天天找高皇帝哭自己没有依靠的时候，吕后活成了自己的依靠。后来，靠着张良出谋划策，哥哥亲自出门寻找四个隐居老者当后台，吕后终于摆平了换太子风波。

等熬死了高皇帝，吕后总算混出了头，于是就发生了"前方高能"的报复"情敌"事件——毒死赵王刘如意，把戚夫人砍去手脚、挖了眼睛、毒哑喉咙丢在猪圈里。这一刻，吕后的心态多少有点儿扭曲了。

　　吕后虽然活成了可恶的样子，可她的儿子惠帝依然是三好孩子，听说亲妈做出这么残忍的事，当场吓得不想自理，拒绝再当皇帝。吕后索性自己当起了帝国一把手。

　　吕后执政期间的工作主要有两个方面，一是按曹参的老办法，继承萧何制定的规矩，以黄老学说治国，让天下休息；一是再次"削藩"。藩就是指占了大片土地的诸侯王。

　　异姓王在高皇帝的时候都杀得差不多了，接下来要削的，只能是高皇帝的同姓。准确地说，就是他的亲生孩子们。吕后平等地厌恶每一个后宫情敌和她们的孩子，削去这些刘姓王属于公事私仇一起处理。

　　放眼天下，最让国家肉疼的，那必须得是齐国——一个诸侯国就拥有大汉七十多座城。而齐王刘肥还是高皇帝在吕后之前的

情人所生，这就更可气了。于是在刘肥按规矩进京朝贺的时候，吕后明目张胆地给他准备了一壶毒酒。偏偏可爱的惠帝也端起酒杯要喝，吕后只能一巴掌打翻了酒杯。这一举动引起刘肥的高度警觉。为了活命，刘肥选择割让国土，送了一个郡给吕后。同时，他还做了一个惊人的决定，自降辈分，认吕后的女儿、自己的妹妹鲁元公主为齐国王太后。这就等于字面意义上的"自称孙子"。吕后见刘肥如此能屈，也达到了削藩的目的，这才放过了他，腾出手再盘盘其他人。

封国第二大的是楚王。此时的楚王刘交是高皇帝的亲弟弟，为人比较低调，名声还不错，吕后有点儿不敢惹。那么再看老三吴国。吴王刘濞（bì）是高皇帝的旁支亲戚，打天下的时候有军功，也不好对付。算来算去，还是儿子们好拿捏。于是，自刘如意之后，吕后又接连弄死了两任赵王——刘友和刘恢。

赵国的隔壁是代国，吕后本打算把代王刘恒迁过来当赵王，再找机会下手，可刘恒是谁呀？剧透一下，他是我们后来的文帝，自然不会被轻松解决。代王以愿意为祖国守护边疆为由婉拒了好意。吕后想了想，刘恒的亲妈薄姬不得宠，当年也没能力给自己气受，那就放他们一马吧。就这样，一次心软，吕后留出了一个大汉接班人。

放过了代王，接下来该拿赵国去坑谁呢？不坑人了，削藩至此已经差不多，为了加强自己的统治，该奖励自己人了。吕后开始把收回来的地盘分发给"吕家帮"。赵国给了侄子吕禄，刘恢一开始的梁国给了侄子吕产。从齐国那儿拿到的济南郡和琅邪郡，一个给了侄子吕台，一个给了妹妹吕媭（xū）的女婿刘泽。后来，高皇帝最后一个"该死"的儿子燕王刘建自己识趣地病死了，吕后杀了他的继承人，又把燕国拿来封给了侄孙吕通。

放眼望去，吕氏王爷遍地，这是吕后为自己创立的班底。可惜，高皇帝虽然在打天下时不得已封了几个异姓王，但后来为了确保大家利益的稳定，他和功臣们有个约定，"非刘氏王者，天下共击之"，不是刘家人却称王的，大伙儿一起去揍他。所以，吕后这一通操作，把刘家人和打天下的功臣都得罪了。等吕后一去世，诸吕就被功臣们一网打尽，吕后努力营造的刘吕一家亲的局面也破产了。这算是我大汉建立以来最大的政坛地震。

　　不过，别看朝局被吕后搞乱，她对天下的治理却很随和。惠帝和吕后时期，从上到下都很少用上刑罚。加上天下刚刚太平，大家都想过安生日子，愿意从事生产，民间也从战乱中慢慢恢复，吃穿方面都在逐渐蓬勃发展，算是一个很好的开局。

　　所以，吕后的故事，在我《太史公书》里叫作《吕太后本纪》。本纪，这也是我对这位女性最大的敬意。

史记原典

　　凡有天下治为万民命者，盖之如天，容之如地。

——《史记·吕太后本纪》

译文 凡是拥有天下、统治万民的人，应该像天一样覆盖一切，像地一样容纳万物。

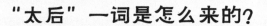

"太后"一词是怎么来的？

"后"是什么意思？在中国上古时期，这是对君王的称呼，如大禹的家族称夏后氏。后来，后逐渐变成了对女性尊者的称呼。《礼记·曲礼》记载："天子之妃曰后"，确定了王的正夫人是王后。因为，王的夫人地位在王之后。

王的老婆叫王后，老妈在辈分上比王还大，是不是应该叫大后？没错，大和太是通假字，于是就有了太后之称。

史记小百科

史记文学小课堂 — 人物刻画

用个性化的语言表现人物性格

司马迁精心锤炼人物语言，擅长用个性化的语言来展示人物性格。

御史大夫周昌性格刚强、耿直敢言，是刘邦非常敬重的一位大臣。刘邦想要废掉太子时，周昌极力为太子辩护。可他平时说话就有口吃的毛病，一着急口吃就更加厉害了："臣口不能言，然臣期期知其不可。陛下虽欲废太子，臣期期不奉诏。"这里的"期期"是周昌急于表明自己的态度，又因为口吃无法说出连贯句子时发出的声音。这个词的加入，把周昌又着急又愤怒的神情描摹得活灵活现，人物耿直的性格也得以体现。

形容人口吃、说话不利索的成语"期期艾艾"，其中的"期期"就来自于这里。"艾艾"则来自魏晋时期的将军邓艾，因为口吃，他每次自称"艾"时都要连说两个艾。

陈平

汉朝的"三高"人士

汉初大舞台，风流人物无数。除了张良，另一位智商担当是前面出过镜的陈平。我数了数，定天下之际，他一共放了六次大招，每每高皇帝危难时刻，都是他凭奇谋摆平。就说人家这名字取得好不好吧？

这位奇人是什么来历呢？他是河南郡阳武人，与另一位大汉丞相张苍是老乡。阳武有个叫博浪沙的地方，发生过一则头条新闻——张良组织刺杀秦始皇。陈平当初一定听说过，不过他应该没想到，自己将来会跟当时的刺客成为同事。

陈平父母双亡，还没钱买房，只能跟已经成亲的大哥陈伯挤在一个屋子里。陈家有三十亩田地，但陈平从不下地抽一鞭子老牛，也不下田插一棵秧，因为，他的任务是好好读书。大哥陈伯很疼

爱他，自己辛苦种田种地，保障他吃穿住行不说，还给他买各种辅导书，出钱供他旅游长见识。就这样，从不操心琐事的陈平充分吸收了营养，长得人高马大，白白胖胖。

等陈平长到可以结婚的年纪，有钱人看不上他，而穷一点儿的人家陈平又看不上，慢慢拖成了大龄单身汉。大概觉得不能一辈子靠大哥，陈平也开始自己打点儿零工补贴家用，主要工作内容和孔老夫子少年时一样，给有丧事的人家跑跑腿，叠叠纸钱，主持主持丧仪。也正是因为这个兼职，陈平娶上了一个土豪女。老岳父家也很支持他游学长知识的事业，成了他源源不断的钱库。要不说，人还是要多出去刷刷存在感。

学成后，陈平去投靠重新建国的魏王。发现魏王不听劝，还有同事说他的坏话，于是他又转投了已经出道的项羽。项羽对他还不错，刚到就封了卿，还给他表现机会，让他带兵去收复了一块领土。大胜归来时，项羽给他又是升官又是赏钱。眼看人生风生水起，我们高皇帝出来"捣乱"了。项羽的地还没拿稳，陈平的金子还没捂热，高皇帝就把陈

平收复的地盘又抢走了。项羽大怒，还迁怒说是前面平定的人的问题。陈平一听这不是要杀自己吗？只能再次开溜了。

这会儿的天下虽然诸侯也不少，但可选择的对象其实不多，离开了项羽，基本上就只能投汉了。通过江湖上的朋友魏无知，陈平见到了高皇帝，两人进行了一场一对一的私聊面试，高皇帝表示赏识，给了他项羽给他的待遇。

这下汉军营里炸了锅，一个楚国的逃兵，一来就监督我们，难道就凭他长得好看？最不服的，是打仗很猛的周勃和灌婴。当时想搞臭一个人，就是攻击他的人品。周勃他们从公私两个方面实名举报陈平贪污受贿，还说他跟自己的嫂嫂关系暧昧。原来，当初陈平的"游手好闲"让嫂嫂非常不满，经常吐槽他是家里的吸血虫。大哥陈伯听到过一次，当场就把老婆给休了。邻居们不明就里，七嘴八舌讨论，最后传出来的居然是：陈平跟嫂嫂有暧昧。

高皇帝一听，这人比我还乱来啊，派人去把魏无知骂了一顿。魏无知不服："我推荐的是人才，又不是圣人，你就算得到天下道德楷模，能办事吗？"高皇帝被怼得哑口无言，那就把陈平找来当面对质一下吧。

陈平很坦荡地承认自己接受了别人的贿赂，不过，这些钱都是准备拿去开展工作的。说完，陈平大手一甩，你要是怀疑，钱还在那儿，还给你，我不干了。见陈平这么硬气，高皇帝赶紧换了副面孔："误会，全是误会啊！"道了歉，还给陈平加了不少启动资金。

当时，楚汉在荥阳交手。面对项羽，高皇帝实在不是对手，屡战屡败，被围困在荥阳城里。于是就轮到陈平砸钱做局，给项王上"眼药"了。

项羽手下的最强大脑是他的亚父范增，最厉害的将军是钟离眜、龙且（jū）等人。于是，陈平开始了百试不爽的反间计。他在楚营花大价钱找到了很多"嘴替"，让他们在楚军中散播消息，说钟离眜他们怨恨项羽小气，不给他们封王，打算跳槽跟汉王玩了。项羽听闻后，很长进地没有当场狂怒，而是默默派人到汉军大营打探消息。而这边，陈平已经安排了个一箭双雕的连环计等着。

楚使刚到，陈平让人端上鸡鸭鱼肉牛羊狗各种大菜招待。等见到人后，他故作诧异，扯开嗓子喊："来的是楚王使者啊，我还以为是范增老爷子的人呢，来呀，换菜！"于是，又一群厨师端着粗茶淡饭上桌，把刚才的"楚汉全席"撤走了。别看具体操作这么简单，这种反间对高高在上的君王非常奏效。

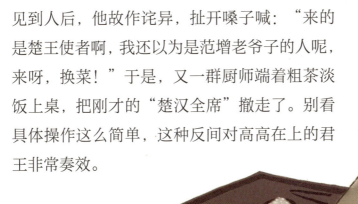

使者蒙了，回去就添油加醋地对项羽进行了工作报告。项羽听完，脸都气变色了。原来不止将军们想跳槽，连自己最信任的亚父都靠不住，从此开始对范增说的所有话持保留态度。当忠心的范老爷子强烈建议他死围高皇帝，一战解决对手时，项羽觉得这老头儿坏得很，一定还有什么自己想不到的阴谋，偏不肯听。

聪明绝顶的范增当然明白这个好大儿的心思，又气又恼，当即辞职不干了，没走多远就气得病死在路上。范增一死，智商不在线又非常情绪化的项羽就好忽悠多了。陈平又献一计，派两千名女人大晚上从荥阳东门走出来，楚军看不清，还以为汉军又要突围，全军出动去围剿，高皇帝趁机开溜。

后来天下平定，最难搞的韩信也是陈平定下计策轻松搞定的。高皇帝出击匈奴，被围在白登山上七天七夜，也是陈平偷偷施展妙计，去找了匈奴单于的老婆——阏氏（yān zhī），最终成功解围。匈奴阏氏为啥要听陈平的？这条计谋保密工作做得特别好，我也没追查到。想必，他又有什么奇奇怪怪的点子吧。

陈平不止个子高、智商高，情商也很高。当初，高皇帝重病在床，为了防止吕后权力太大，临死前，他打算把曾经的战友樊哙一起带走——樊哙娶的是吕后的妹妹吕媭。高皇帝派周勃和陈平一个去接替率军在外的樊哙领兵，一个负责把樊哙杀掉。走到半路，陈平默默地分析利害关系：樊哙既是跟高皇帝穿一条裤子长大的，现在又是贵戚，皇帝出于一时之气要杀他，如果以后后悔了呢？再说，皇帝都快完了，吕后还在，要是吕后报复，这谁顶得住？不如干脆把人捆了带回来给高皇帝自己处理吧。结果刚好，他们还没回去，高皇帝就匆忙走了。而因为没杀樊哙，吕后总算不记他的仇。

后来，吕后去世，吕家人准备搞事情，又是陈平联络从前背地里打过他小报告的周勃、灌婴组队，一举消灭诸吕，把皇位的接力棒顺利交到了文帝手里，成为新朝不倒翁。

史记原典

臣所言者，能也；陛下所问者，行也。

——《史记·陈丞相世家》

译文 我给你推荐时，说的是他的能力；你问我的，是他的品行。

赏析 这是陈平的伯乐魏无知对刘邦质问的反驳。儒家观念里，君子就是德行的代表，品德要高于能力。因为，一个品德高尚的人一定不会主动做坏事，还能对别人进行品德教化，如果放在地方上当管理者，一定能改化风俗。秦汉的"举孝廉"选官法，就是这种逻辑。把人的能力和品德分开看，是一种创举，后来的"科举"算是"唯才是举"。这两种选官模式各有优劣。注重德行的，容易变得极端偏执，也可能会出伪君子；只重视才能的，也可能会出很多趋炎附势的真小人。

"面如冠玉"的原型就是陈平

夸男子长得好看，最常见的成语有眉目如画、面如冠玉等。其中，被夸长得像玉一样光滑润泽的原型，就是陈平。

不过，这句夸赞相貌的话，说话者本意是为了贬低陈平。那时，周勃和灌婴不服陈平得到刘邦的信任和重用，跑去告状说："平虽美丈夫，如冠玉耳，其中未必有也。"意思是，陈平虽然长得漂亮，跟装饰在帽子上的玉似的，但他内里不一定有能力。这种评价是一种反向的"以貌取人"，认为男子相貌好就是"中看不中用"，类似于"嘴上无毛，办事不牢"，都是偏见。

周勃
人狠话不多

　　讲完陈平，他的老搭档周勃就不得不出来亮个相了。刚好，他也是高皇帝遗言里点名表扬过的大汉顶梁柱。

　　周勃和高皇帝是老乡，一开始只是个手艺人，偶尔也兼职给各种追悼会吹吹哀伤音乐。后来，高皇帝翻身，他也就第一时间入伍打工了。

　　不过，当初那个"乱世大舞台，有胆你就来"的战争时期，完全是个全明星时代。即使出道就追随高皇帝，作战又勇猛，破城的时候总是第一个登城，周勃在群星里也不算特别耀眼的。而且，如果你记性好，一定能想起周勃是很有些眼里容不得沙子的，经常打小报告，搞得像个爱嫉妒的反派……

　　但是，正如高皇帝扮演预言帝时所预言的，稳定刘家江山的人是周勃。

需要稳定啥呢？高皇帝和吕后不愧是一家人，他知道儿子懦弱，也深知吕后对权力的渴望，假设吕家想把江山改名换姓，周勃就是平定叛乱的人。

高皇帝为啥对他这么有信心？除了信赖他老实耿直的品质，还给了他身份权力保障。当初，高皇帝给功臣发年终奖，给周勃封的是八千一百八十户税收的绛（jiàng）地，又让他当了大汉的第一届太尉。太尉是仅次于丞相的顶级高官，属于武职系统，也就是说，大汉的兵权在他手里。有了兵权，谁要搞乱子，都得过他周勃这一关。

结果，吕后棋高一着，她执政时玩命抬高吕家地位，不仅狂发土地证，给吕氏封王，又重新设置了相国和上将军的职位给大侄子们担任。这两个官职很显然，一个专门压制丞相陈平，一个夺了太尉周勃的军权。

吕后也知道自己的越矩给吕家拉了很多仇恨，为了保护家人的安全，临死前又把长安禁军的南北两支分别交给了侄子吕禄和吕产，让他们有跟将军们对峙或谈判的资本。

陈平和周勃空有头衔，这样的逆风局，怎么翻盘呢？确实有点儿困难。所以，周勃每天愁得就像戴了副痛苦面具。

正当周勃急得满地打转的时候，刘家人先出来打头阵了。吕后当国那会儿，削藩和打击刘家人，早就让高皇帝的子孙们气得后槽牙都咬碎了。从前因为怕老太太不敢动的，这会儿都一脚跨上虎背，一往无前。第一个起事的是齐王刘肥家的孩子。虽然刘肥已死，但他留下的一群孩子个个都不是善茬，集体劝大哥齐王刘襄搏一搏，马车换宝座。于是，齐王大旗一举，提出要灭诸吕。

这样一来，本来智商欠费，拿着兵权不知道怎么使的吕家人瞬间知道第一步该怎么走了——先平叛呗。被派出去当拦路虎的是周勃的老战友灌婴。别看是武夫，灌大将军人也不傻，他盘算了一番，想着自己已经是刘家功臣里排得上号的人，为啥要帮吕家小儿呀？那就摆烂吧！甚至，灌婴还偷偷写信，说他就在路上迎接齐王。

不多久，脑力担当的陈平也想出了计谋，一个缺德版拯救大汉的计划。怎么个缺德法？他有个老同事叫郦（lì）商，人已经是个老弱病残的退休状态了，但陈平打算让他再发光发热一次。因为，郦商的儿子郦寄朋友圈里关系最好的，就是吕禄。计划是这样的，派人绑架郦商，逼郦寄去忽悠吕禄。

郦寄没办法，只能去劝吕禄放下兵权，回封地当逍遥王爷去。吕禄心说，我放下兵权，刘家人能放过我们吗？郦寄看出疑惑，再次精准解惑："吕后封的王，已经那么多年，大家都已经承认了，不会有异议的。回去后，等待你们的是世世代代的富贵。"听到这里，吕禄放心了，真的打算把兵符转交给周勃。毕竟，谁都以为朋友只会为自己考虑，哪知道还有背叛的呀。这次忽悠的结果就是，吕禄犹豫不定，但已经完全放松，不去管军队了，而郦寄喜提了个"卖友"的骂名。

不久，相国吕产派到齐国打探情况的人回来禀报，说灌婴已经反水，跟齐国玩到一起去了。吕产急得想进宫做准备，而一旁本来正要跟他商量工作的御史大夫也把消息装进了耳朵，撒腿就跑去找了陈平和周勃。因为他判断，现在已经到了决定胜负的关键时刻，如果等吕产进宫拿到调兵权，大家就凉了。不得不说，能混上高位的，个个都是政治高手。

收到消息的周勃更坐不住了，想去北军，人家拦着不让进，最后还是靠着偷拿符节假传圣旨，才终于过了第一道关卡。周勃尝试调兵，可没有将军印，士兵还是不敢听从。他们只好加急催促郦寄继续忽悠吕禄。也不知道说吕禄真诚还是说他单纯，他对郦寄深信不疑，当老朋友旧话重提，他当场就解下将军印交了出去。

　　周勃拿到兵权，化身全天下最忙的人，一边派人通告未央宫的守军，不能让吕产进宫，一边争分夺秒地在军营里动员。作为一个不善言辞的人，周勃连个振奋人心的演讲动员都没有，只说了一句简单又好区分立场的口令："支持吕家的把右胳膊露出来，支持刘氏的把左胳膊露出来。"士兵们再低阶，也多少八卦了点儿朝廷里眼前最大的事。大家倒很有原则，当初打天下也只听说大领导是刘家，不能因为吕家人统管了一段时间，就变成吕家军了呀，于是纷纷举起左手。

士兵一边倒，加上各路人马都对吕家这种半路出来抢蛋糕的玩法不满，吕氏很快就被各方势力连窝端了——无论男女老少。这场活动就叫"灭诸吕"。

清算完吕氏，杀得血雨腥风的大伙儿神经变得很敏感，想到现任皇帝是惠帝刘盈的孩子、吕后的孙子，谁也赌不起他将来会是什么心思，干脆一起抬下去得了。于是，老伙计们开始了投票选举新皇帝的环节。当然，这次选举规模有限，有发言权的只是那些功臣。

最终，辛辛苦苦干了一堆脏活的齐王兄弟被大家排除了，因为齐王刘襄的舅舅不是个好说话的人。什么？选皇帝看舅舅？没办法，大家被吕后整出了严重的心理伤害，不敢再找个带厉害外戚的呀。于是，推来算去，这个名额就落到了山高路远的代王刘恒头上，也就是文帝。

周勃一封鸡毛信送去代地，又亲自在路上迎接，终于把文帝给盼来了，总算对高皇帝的信任有了个交代。

史记原典

吾尝将百万军，然安知狱吏之贵乎！

——《史记·绛侯周勃世家》

译文 我曾经当过百万大军的主帅，哪里知道大牢里的小狱卒竟然那么尊贵呀。

赏析 这是周勃的一句感叹。文帝登基后，一度怀疑周勃会造反，把他送进了大牢。在牢中，周勃受到狱卒的刁难和欺辱，只能送钱给他们求帮助。出狱后，想起当时的艰险，周勃心生这段感慨。比喻人在屋檐下，不得不低头。神龙困在浅滩里了，鱼虾也敢来戏弄。

丞相和相国是一个官职吗？哪个大？

相国、国相或者相邦都是同一个官职，是春秋战国时期许多国家最高级别的臣子，总揽一切军政大权。相邦这个称呼最先被历史遗弃，为了避讳刘邦只称相国。因为这一职位权力太大，管得太多，皇帝想加大自己权力的时候，相国也被闲置了起来，而用丞相代替。

"丞"有辅佐、辅助的意思，顾名思义，丞相就是辅助相国的，地位比相国要低。怎么体现地位降级呢？光一个名词的改动当然做不到，汉朝皇帝的做法是设置左右两个丞相。这样，朝廷的工作就不会集中在一个人身上，每个人各有自己分管的领域，而且还能互相牵制。

汉文帝
给人民松松绑

月亮不睡我不睡，我为你写"故事会"。《太史公书》继续上新。

让我们把时间拨动一下，来到大汉文帝朝。文帝是高皇帝的第四子，他的出生很传奇，甚至有点儿乌龙。

文帝的娘薄太后是魏国人，说出来你可能不信，在到汉宫之前，她曾是别人的老婆——秦末反秦势力之一的魏王豹。在那个动荡的时局里，魏豹想提前看看剧本，了解一下自己的命运，听说当地有个擅长看相的女神算许负，当即请来给家人们逐一算命。许负转了一圈，只瞧中了薄姬，说她能生天子。

这是什么超级大惊喜？老婆能生天子，自己不就是天子他爹吗？魏豹瞬间在楚霸王和高皇帝之间坚定了立场：咱哪个队也不站，要自成一派。结果，这事逻辑没算错，结果却给整岔了。高皇帝听说已经投靠的魏豹反复横跳，气得派人先收拾他。最终，魏豹被杀，后宫里的女人全部变成战利品关进了汉宫。后来，一个很偶然的机会，薄姬得到了高皇帝的一次宠幸，怀上了文帝。魏豹如果泉下有知，棺材板一定压不住了。

不过，当时的高皇帝有自己的小可爱戚夫人，哪怕薄姬生了好大儿，他们母子也没多少存在感。在按规矩给儿子们分家产的时候，文帝被送到了老远的代地。高皇帝当年被围困的白登山就在这一带。没错，这里靠近匈奴，是个日常爆雷的高危区，匈奴人只要一抬马脚就能过来插旗圈地盘。前几年，文帝的二大爷刘仲在此当代王时，就被匈奴吓得卷铺盖跑路了。可想而知，年仅几岁的文帝被分到这里，那确实是姥姥不疼、爹爹不爱了。

俗话说，千金买邻，文帝——这会儿其实应该叫代王——是没法选择邻居了，只能拼命周旋，从小就学会了穷人的孩子早当家。

等吕氏作乱的汉初地震发生时，侄子辈的齐王家选择起兵，代王作为高皇帝仅存不多的儿子，却恨不得来一招消失术，让全天下都看不见他。他的理想是踏踏实实过完一辈子。可天下事有时就是这样，你越不争，幸运偏偏就砸中你，正如老子说的，"（水）以其不争，故天下莫能与之争"，周勃、陈平愣是要迎他当皇帝。天上掉的到底是陷阱还是馅饼？代王不敢确定，以他一贯谨慎的性格，第一反应还是礼貌地婉拒了。

代国的臣子有人劝进，也有人劝退。最终，还是派人做了几轮现场勘查，代王才小心翼翼地从代地出发，又一步三停顿地检查前方情况，发现周勃等人确实没搞什么鬼，这才终于进入汉宫，实现了许负预测的命运。

当上天子，文帝心里却时刻记得当初紧巴巴的日子，一点儿都不敢放肆，上任第一件事就是给民间赐爵一级，给百姓们赏赐

牛肉和酒庆祝。

这个爵我得解释一下，它是我们当时一种可以用来抵罪或减刑的虚拟荣誉。如果百姓不小心触犯了律法，身上有爵级的，就可以用来减轻处罚。

给老百姓加爵、减赋和减轻徭役，是文帝当政时频繁群发的诏令。逢年过节，或者遇到皇家大喜事，文帝还会开仓发福利，八十岁以上的老人、九岁以下的孤儿，还有贫苦的独居老人，都能领到朝廷给的布帛米肉等。

除了减税，文帝的心思还细致到那些不太合理的法律条文上。比如，有条连坐的律法，他就觉得非常不人性化，建议群臣废除。他认为法律是公正的化身，引导人们向善的。量刑合理，百姓就服了，怎么能牵连到他们的父母妻儿身上？尽管大臣们表示，连坐是为了制约百姓，束缚他们不乱来，文帝还是坚决把这条律法扔进了历史的垃圾堆。最终，这条对百姓恶意满满的"一人犯罪，全家受罚"的连坐法，就被废除了。

文帝还非常开明、自信和讲理。从前，为了维护天子的权威，官吏经常会严格控制百姓的言论自由，不许他们谈论国家大事，也不能议论朝廷的政策，发现就抓起来投进大牢。但文帝深知，自己一个人的脑袋不可能想得面面俱到，他需要别人来提出不同的意见，需要不同的声音来督促他的统治进步，即使批评错了，也只能说明一些小民认识短浅，不能算罪过。因此，他又敦促官员废掉了类似"文字狱"的罪罚。

正是文帝一系列宽容的举措，才有了这则我预感以后一定会爆火的故事：那年，齐国有个著名的医生淳于意，犯了罪被抓到长安大牢。淳于公只

有五个女儿，没有人为他诉讼，被逮捕前，他心灰意冷地痛骂女儿们：“怪我没生个男孩，这么多闺女，遇到急事一点儿用处都没有！”结果，这句话刺激到了他的小女儿缇（tí）萦，她紧随父亲一起到了长安，亲自写信给文帝申诉。信中，缇萦指责刑罚没有让人“过而能改”的机制，因为死了的人不能复生，被砍断的手脚也不能再长出来，即使他们想改过自新也没有机会了。她重点划出重刑的无法逆转，只希望能替父亲赎罪，自己进宫当官婢，让父亲得到改正错误的机会。

文帝收到信很感动。上古时期的圣明天子也不搞往脸上刺字、割鼻子、砍手脚这些，不照样把天下治理得好好的吗？而当今刑罚那么多，也没见到禁止了犯罪呀。擅长内省的文帝认为，这是自己的德行还不够呀，于是羞愧地下令废除对肉体的三种刑罚。

我在写文帝和淳于意的传记中不厌其烦地为缇萦着墨，实在是对那句“死者不可复生，刑者不可复属（zhǔ）”产生了严重共鸣。因为我自身深受肉刑中唯一没被废除的宫刑所害，属于“刑者不可复属”，缇萦的呼吁正道出了我苦闷的心声。

　　君王喜欢从自身找原因，正是商汤"万方有罪，罪在朕躬"的优良作风，是老百姓的福气。文帝在位的二十三年，可以笼统地总结为五个字：给民间松绑。

　　给别人造福的同时，文帝还非常克制自己的欲望。只要会给老百姓增加负担或者不便的，他绝对不干。孔夫子说过，克己复礼为仁，文帝虽然不怎么讲究儒学，却一定是儒家弟子认可的圣君。他当皇帝期间，从来没给自己盖过一座宫殿，装修过一间房屋，扩建过一座游玩的园林，甚至连衣服和生活用具都没置办过新的，还沿用前面的旧物。连最宠爱的妃子的衣着，他都做了细致要求：衣不能拖地，房间里的帷帐不能刺绣。不能浪费国家一块布和民间一个绣娘的劳力。

　　某年，文帝也想修一座露台，大手一挥就开干不是文帝的风格，他先把管施工的工匠叫来打听了一下价格。工匠回答说需要一百斤黄金，顿时吓得文帝倒吸了好几口凉气，他放声计算："一百斤哪！那可是中产家

庭十家的产业。我住上了先帝这么华丽的宫殿，经常觉得很羞愧，还修露台干啥！"

就连死，文帝都紧巴巴计算着，不能动大工程，不能有华丽的陪葬品。堪称到死都不肯放纵自己一次。

当皇帝当得这么可怜巴巴，如果能穿越时空，我都忍不住朝他碗里丢个铜钱，免得说我们看客一毛不拔，铁石心肠。嘿嘿，这是开玩笑。面对这样的文帝，我怎么忍心说他抠门呢？一个天子能以同理心设身处地去考虑老百姓的处境，这叫什么？仁德呀！孔夫子说过，一个善良的好人治理国家，仁政一定能成功。

汉朝人可以自己铸钱？

远古时期，人们流行以物易物，后来，慢慢衍生出来了具备购买力的通行货币，就是我们俗称的钱。古往今来的钱有贝壳、铜钱、黄金等几种形制，其中贝壳作为货币的历史悠久，所以，现在跟钱有关的字，基本都带贝字，如财、货、贷、账等。汉代市面上流通的是铜钱，叫五铢（zhū）钱。不过汉代初期的钱和秦朝一样，叫半两钱。铢和两都是重量单位。

汉初，文帝允许郡国和民间铸币，甚至还会主动赏赐功臣或宠幸的人铜矿，鼓励他们变成发钱的单位。不过，这种看似大方的做法其实是扰乱了经济局势。因为，流通的钱多了，注定会造成物价上涨，通货膨胀。同时，民间为了节约成本，铸的钱根本不够分量，严重影响了市场的货物买卖。还是文帝的宠臣邓通，多少为市场做了一点儿表率作用。文帝赏了邓通一座大铜矿，于是邓通也加入了铸钱行列，铸出了形制规范又够分量的铜钱，被称为邓氏钱。当时做生意的人都愿意收邓通的钱，出现了"邓氏钱，遍天下"的局面。

史记原典

祸自怨起，而福繇（yóu）德兴。

——《史记·孝文本纪》

译文 祸患源自怨恨，福气来源于做人有德行。

赏析 这是文帝对自己统治的经验总结。祸患来自怨恨，有怨恨是因为底下的人感到不公平。一旦有人觉得不公，就不会尽心工作，不愿意执行上级交代的任务，甚至会在背后乱搞小动作，那么祸患就来了。而如果想要杜绝怨恨，让人人都幸福，就要做一个修善修德的人，再把恩德广施到天下。

史记文学小课堂－人物刻画

《史记》中的女性形象

《史记》中记叙的女性有百位左右，从皇后贵戚到底层百姓，遍布各个阶层。

司马迁以卓越的眼光和不凡的胆识，为吕雉立传，记载了这位中国历史上第一位成熟的女政治家的一生。另外还有推动秦国走向强盛的宣太后芈八子、接受劝谏把儿子送去齐国当人质的赵威后等才能卓越的帝王后妃，介子推的母亲、赵括的母亲等深明大义、见识超群的将相家属。普通百姓则有民间的看相大师许负、晏子车夫的妻子、给汉文帝写信救父的缇萦等。

这些出色的女性形象丰富了《史记》的人物画廊，反映了古代女性的精神面貌，也展现出司马迁超越时代的进步女性观。

张释之
最公正的法官

文帝能留下千古明君的美名，离不开臣子们对他工作的支持。这一朝的名臣，张释之必须拥有一席。

张释之是河南南阳人，拿钱买了个公务员身份，给文帝当骑郎。光看官名你就可以联想到工作内容了，骑马陪在皇帝身边当护卫。别看岗位不咋光鲜，这可是普通人奋斗十年都难以到达的高峰。咳，接下来就有点儿尴尬了，张释之奋斗了十年，依然还在这个岗位上。十年，义务教育也没这么长呀。已经不再年少的张释之感觉到前途迷茫，准备辞职另找出路。

好在，他的顶头上司、中郎将袁盎（àng）是个合格的人力资源领导。袁盎做人才引荐，经过文帝亲自面试，张释之荣升谒（yè）者仆射（yè），专门为朝廷发通报。张释之灵魂里最硬气的属性开始释放。

　　有一次，文帝去逛皇家动植物园——上林苑，并饶有兴致地问上林尉，也就是动植物园副园长：现在园子里有多少动物？老虎有几只？兔子和乌龟谁跑得快……一连十几个问题，副园长都哑口无言。文帝正准备发个小火，一旁的驯虎师突然发声代答。为了表现，他还超纲说了好几个上林苑的相关情况。文帝不禁感慨，这才是国家的好干部嘛。当即就打算让上林尉下岗，直接提拔驯虎师当上林令，也就是动植物园园长。

　　命令下达完，张释之不仅不去宣布，还长篇大论要给文帝上课："绛侯周勃和东阳侯张相如都是和蔼的老人家，但他俩都是不善于表达的人，难道不善于表达就要受罚吗？那个驯虎师喋喋不休，卖弄口才，如果给他升官，以后大家都向他学习，逗口舌之能，不顾实际地乱说，风气不就被带坏了吗？"为了表示严重性，张释之还把事情上升到了秦朝灭亡的高度上，

说秦朝重用了太多追求高效的刀笔吏，那些人为了冲业绩，严厉苛刻，心理变态，对人毫无同情怜悯之心。百姓受苦，怨声载道，秦朝皇帝却听不到自己的过错，所以才短短二世就玩完了。

文帝不好坚持，但显然不太高兴了。毕竟，再宽容的皇帝也要面子，被人抗旨，哪里会忍气吞声。回宫后，文帝就把张释之降级去当了年薪六百石的公车令。这职位管的是宫里的司马门。说得通俗点儿，张释之成了一个看门的保安。

遭贬了没关系，在哪里跌倒，就在哪里躺下，找准机会再翻身嘛。机会很快就来了。

某天，当时还是太子的景帝刘启和他亲弟弟梁王刘武一起坐着车在皇宫内奔驰，到了司马门，两人也没下车。按规矩，皇宫内除了皇帝的大车，谁也没法撒欢。所以，张释之马上赶过去，把他俩挡在了门外，并当即一封检举信揭发皇帝的儿子搞特权，犯了大不敬的罪。事情不仅惊动了文帝，连他亲娘薄太后都听说了，赶紧出面解救了两个孙子。

就这操作，别说文帝和太后震惊，连我都忍不住怀疑，张释之怕不是在动物园吃了个豹子胆回来吧？

一个差劲的皇帝，地位在巅峰，心眼却配不上。而一个明君，通常都有点儿"受虐"倾向，谁越是不怕他们，怒怼他们，他们越欣赏。经过这件事，文帝承认张释之确实不错，又给他换了个中大夫的官职。不久后，袁盎不当中郎将了，空出来的职位就落到了张释之头上。这是我们大汉的禁军首领，是不打仗时期武官里的最高级别了。

接了袁盎的班，张释之当然要跟耿直敢言的袁盎学习，什么看不惯的都要说一嘴。有一次，文帝约最爱的慎夫人一起到自己选定的陵寝区霸陵游玩。登高远眺，看着苍茫云海，文帝开始设想以后，指着山上一些石头，说适合给自己做棺材外的"椁（guǒ）"，到时候再用各种细丝絮塞一塞，这棺材就谁都打不开了。旁边的人随声附和："打不开，肯定打不开，陛下将来的棺椁，就算以后科技爆发了都轰不开。"

张释之笑了："如果棺材里放的都是大家想要的，就是铁做的人家也能给你撬开。要是里面啥都没有，用石棺也不用担心死后还有一劫。"文帝一听，哎呀，有点儿哲学道理哈，更觉得张释之是个宝藏男孩。既然他这么能给别人找碴儿找错，就让他当九卿之一的廷尉吧。说通俗点儿，就是最高法院院长。

管司法，就要给别人定罪。这官位基本是个"恶人"性质的。但张释之不想这样，他讨厌刀笔吏，自然也不会变成他们。刚走马上任不久，就发生了件大事让他表现人品。

当时，宅久了的文帝正在近郊一日游，路过长安北面的中渭桥时，突然有个人从桥下跑了出来。皇帝出行，前面不可能有人突然出现，拉车的马哪见过这场面，吓得一连好几蹦跶，让文帝

受到了惊扰。此人是干什么的呢？案件交给了张释之审理。

原来并没有你们预想的什么刺杀皇帝的刺激行动，那人是长安县乡下的人，刚进城就听到皇帝出行要清路，他没地方去，只好躲在桥下不敢出来。躲了半天，感觉上面没什么响动了，估摸皇帝的车队应该过去了，就从桥下走了出来。结果好巧不巧，刚出来就撞上皇帝的仪仗队。这大场面，小老百姓哪儿见过，只能拼命逃走。可他这一跑，却把马儿给吓着了，于是顺带给了文帝一顿意外和刺激。

案子审明白后，张释之给文帝报告审判结果：违反清路禁令，罚款。

文帝眼睛瞪得像铜铃："麻烦你搞清楚，他只是违反禁令吗？他是惊吓了我的马！如果不是马被训练得很温和，我今天就不知道是摔断哪根骨头了，你只罚他点儿钱就算了事？"

张释之不卑不亢："法律设置出来，我们大家都得遵守吧？

按汉律，违反清路禁令就是罚款而已，我也不能给他加罪呀？如果皇帝想弄死他，当时下令杀了他就是，交到我们法官手里，那我作为天下最公正的机关的代言人，不就得按律例来吗？如果因为个人心意，稍微走偏一点儿，那地方上那些判官都可以随意更改律法了。到时候，老百姓的手脚都不知道咋摆放。因为，谁也不知道会不会因为左脚先迈步就犯了罪呢？"

文帝盛怒未消，本想说"你说得很对，但我不听你的"，但为了形象还是忍了下来，宣布张释之判得很对。

在法官任上，类似的事还有很多，每一个故事都是张释之公正的名片。皇帝们拥有生杀大权，还经常为别人提供投胎服务，所以，身边亲近的人，即使是皇后妃子们，对待他们都只能点头哈腰说"唯"和"诺"。而张释之却能多次抗命，同事们纷纷被吸粉。也正是因为张释之时刻抓紧缰绳，文帝才能没跑偏，始终保住了仁君称号。

后来，文帝去世，景帝接班了。司马门的回忆闪过，张释之禁不住心惶惶。虽说自己问心无愧，但哪有那么多讲道理的皇帝呀，张释之不得不向大佬低头，找景帝请罪道歉。景帝看着张释之这让他极度舒适的举动，心说，当初你拦我的时候，没有一个细胞是无辜的，现在怂了？不过，考虑到才刚即位，当初事件的见证人薄太后也还在世，不方便这么快就动手，只好哈哈一笑，说自己早不记得这档子事了。

然而，一年多后，大汉的祖奶奶薄太后走完了最后一程，景帝马上将张释之一脚踹到淮南国当国相去了。没几年，张释之死在了淮南国。随着张释之的陨落，文帝时代宽松的政治环境彻底宣布终结。

下之化上疾于景响。

——《史记·张释之冯唐列传》

译文 下面的人被在上位的人影响感化，就像影子跟着身体变化一样快。

赏析 这是张释之劝文帝不能提拔驯虎师的话。表面上是阻拦驯虎师的上升通道，实际是在讲怎么当皇帝的道理。天子是天下的风向标，他们的一举一动，一定会影响所有人的行动。天子爱什么，就会有人钻研并投其所好，溜须拍马，整个风气都会变坏。所以他们不能随便发布和更改命令，不能随意破坏已经搭建好的秩序。

史记小百科

没有松紧带，古人的袜子怎么穿？

早在周朝时，人们就给脚准备了鞋袜两件套。《说文》里解释"袜"字，说它是脚穿的衣服，"足衣"。袜子也算和人类相亲相爱了几千年。

然而，现代人的袜子能固定好，都是有松紧带在袜口起作用，古人怎么让袜子固定在小腿上呢？他们会在袜口缝两条带子，用带子打结系住。文帝时有个叫王生的老人家，被请到朝廷讲课时，袜子的带子松了，他回过头就命令张释之跪下给自己系起来。张释之二话没说就照做，成就了一段"王生结袜"的典故。

贾谊
汉朝形象设计师

在我出生的大概六十多年前，我们大汉出了一位精英巨人贾谊。可以说，他是我们大汉初年官方形象的总设计师。

贾谊是名都洛阳人，少年成才，十八岁就因为熟读诗书，文章写得好，成了郡里的明星人物，连郡守爷都听说了他的大名。郡守姓吴，也是个做官成绩优异的人，惺惺相惜，就把贾谊召到自己门下上岗就业，继续培养他。

后来，吴郡守在年终考核的时候获得了年度优异奖，文帝就把他调到长安，升为廷尉，也就是前面张释之担任过的职位。郡守升级后，贾谊全国出名的日子也快到了。

我们大汉有个举荐选官的模式，就是让官员推荐你，让你吃上皇粮。郡守级别的人就有资格推荐，推荐人地位越高，被推荐的人起点也会越高。听说文帝正求贤若渴，吴廷尉马上隆重推出了贾谊，介绍词是，他是个精通诸子百家典籍的人。

文帝把人叫来一瞧，那就先给个博士的职位试试吧。这个博士是专门给学生传播经史知识的官。在博士团体里，贾谊其实是个异类。因为，一般能当上博士的人，都得皓首穷经，一辈子钻研在其中，才能把书背得滚瓜烂熟，成为老师。这个老，通常就是字面意思上的老。别人都是花白头发的大爷，贾谊却是个二十岁出头的年轻人，大家当然不服他。但很快，那些儒雅的长者就甘拜下风了。每当文帝丢出一个议题让大家讨论，其他人还没想好怎么回答或无从谈起的时候，贾谊总能滔滔不绝地一一对答。博士们一听，他好像自己的"嘴替"呀，完全说出了大伙儿的心声，纷纷心悦诚服。

文帝喜得人才，也顾不得什么论资排辈的升官规矩了，仅仅一年就把贾谊提升成了年薪将近一千石的太中大夫。这个官职主要工作还是跟辩论有关，不同的是，以前是谈论经史，现在可以

讨论国家大事了。

所谓食君之禄，为君分忧。贾谊在其位谋其政，决定动用自己的知识储备为大汉王朝干点儿大动作。准确地说，是确定大汉的合法性，建立官方的意识形态。

汉朝草创之后，高皇帝走得早，吕后时期净忙着争权，也没空打理官方形象问题，事情就一直拖到了文帝朝。贾谊放眼看看，朝廷大员们穿的衣服、出行交通工具等还是各色各样、杂七杂八，完全没有统一的规定。针对这些现象，他提出了三字经式的五项大政方针：改正朔、易服色、法制度、定官名、兴礼乐。

这都啥意思？朔是指农历每个月的第一天，正朔是新年的第一天。所谓改正朔，就是确定哪天是新年第一天。由于科技落后，历法算得不精确，缺陷比较多，没法长期使用，所以，我们几乎每年都要由太史等天文学家们重新观测和总结自然的新规律，然后订正出新的历法。而且，在我们大汉之前，把哪天当新年，各个朝代也是不同的。所以，重新算出一个和以前不同的新年，不仅是在科学上订正更接近真实情况的日历，也相当于给王朝定了正统性——我们是一个全新的帝国。悄悄说一句，这个问题文帝并没有解决，在我们皇帝时期，才由我这个太史公领着大伙儿重新观察测算，最终算出了正月初一为大汉的正朔。

易服色，就是确定皇帝在重大场合穿什么颜色的衣服。每个王朝都有自己推崇的颜色，颜色又因为五行那套东西被冠上王朝德行的意义，所以，非得有自己的独立性才行。这和改正朔是一个意思。

法制度，是指汉朝在继承秦朝法律的时候，对那些乱七八糟的严刑峻法也都完全照抄了作业，现在应该取其精华去其糟粕，制定出自己的法律。定官名和法制度相同，不过是在前人已成型的基础上做一些增删。

兴礼乐是最重要的，要维护我们大汉对外的形象，就得靠一套完整的礼乐制度，告诉人们我们是一个礼乐之邦。这个工作，前面叔孙通已经打了前站。

贾谊的建议，就像一个一眼能洞穿几百年的人在给我们大汉做长远的规划。这些基调定了，以后王朝的路线就清晰了。

有人能为国家想得这么深远，文帝省了不少心思，应该很开心吧？然而，文帝并没有同意。文帝觉得这些改革节奏太快，有些操之过急了，就找了个自己不好意思做改变王朝第一人的理由婉拒了。

唉，可怜的贾生，让我们为他悲伤三秒钟。

三二一，好，贾谊已经从失落中走出来了。他初尝失望的滋味，但文帝并没有针对他，他要继续发光发热的激情并没有被打击，还想继续为皇帝分忧，针对性地提出建设性的意见。这不，汉朝诸侯"老大难"的问题就被他提出来了。大汉初年一共也没几十个郡，被刘家子弟们占了一半以上，他们大了，一开始可能还看亲人情面，越往后关系越疏远，革命友谊也没了，难免会发展成春秋战国的模式。针对这点，贾谊提出"众建诸侯而少其力"的纲领。这个方法说直白点儿就是"削藩"，但贾谊的办法很温情：在诸侯国内打破只有正妻生的大儿子才有继承权的规则，先把国家一分为几，等王后和妾室们生下儿子，每个人都能领到一块土地，成为小诸侯王。这样，分散后的诸侯就不会再是朝廷的威胁了。

文帝又被吓了一跳，心说我可不敢把步子迈这么大，不过，这思路倒是很对他的心思。亲弟弟淮南王刘长死后，把淮南国拆了分给他的三个儿子，就是按这套方法做的。文帝深深清楚贾谊的高智商，又想给他升职加薪。但这次，无资历无背景的贾谊终于惹了众怒，跟着高皇帝打天下的大臣们不同意。想想也是，别人辛辛苦苦抛头颅洒热血得到的地位，你贾谊一条舌头一张嘴，就要跟大家平起平坐，谁服气呀？大家集体去找文帝施压。文帝知道自己刚刚当皇帝，不可能为一个人才跟整个功臣集团对抗，只好默默地把贾谊踢到了长沙，给长沙王吴著当老师去了。

离开热爱的首都和皇帝，贾谊很伤心。从长安去长沙，翻山越岭，他来到了屈原到过的湘江。当初，屈原就是在湘江一带的汨罗江投江自尽的。望着茫茫江水，两个失意的人穿透时空产生了悲欢共鸣。在渡江的过程中，贾谊追慕屈原的骚体，写了一首《吊屈原赋》。

不得不说，屈原和贾谊还是很有共同点的，所以我在《太史公书》里把不同时代的他俩放在了同一篇列传。

过了一段时间后，文帝熬死了功臣，也处理完了反对派，又想起了贾谊，把他召回了京城。然而没过多久，文帝按规矩要把最喜欢的儿子分封出去，就把最好的贾谊派给王爷当老师去了。最终，贾谊因为没保护好小皇子而得了忧郁症，年纪轻轻就走了。

虽然一生都不算发挥了经世大用，但贾谊就像个热血青年，写了很多教皇帝怎么治国的文章，后来被他的一个小粉丝收集起来出了个作品集，叫《贾谊新书》。书里谈论的内容包括政治、民生、礼仪、民俗、经济、军事、学习等，这一切内容的核心点又汇集成为国家大事，帮皇帝考虑怎么稳定国家，提高人民生活的幸福度。每一项都是最闪亮的智慧。

所谓不朽，说的就是这样可以恩泽后代的人吧。

史记原典

斡（wò）弃周鼎兮宝康瓠（hú），腾驾疲牛兮骖（cān）蹇驴，骥垂两耳兮服盐车。

——《史记·屈原贾生列传》

译文 人们抛弃了周鼎啊，把大瓦壶当成宝贝；坐着老牛拉的车啊，用跛脚驴取代骖马；千里马垂着两只耳朵啊，却在拉盐车。

赏析 古代的马车，在中间拉车的叫服马，排在两侧的马称为骖马。骖马除了辅助拉车，同时也具有仪仗和装饰效果。这几句话出自《吊屈原赋》。在赋文里，贾谊描述了一个黑白不分、善恶颠倒的世道。好的被弃被逐，劣质的却被人们珍爱。在这样的世界，江湖里横游的大鱼巨鲸也只能受制于蝼（lóu）蚁。他的字字句句，说的都是自己，充满了怨愤。这篇赋也开启了吊屈原的文学先河。

"礼乐" 在古代只是用于娱乐吗？

史记小百科

西周时期，法律条文不那么明确，周公确定了"以礼乐治国"的思想。礼不是你理解的繁文缛节，乐也不是给人提供娱乐的音乐。礼是当时法律的补充和升华版，是规范和提高每个人思想品德的。孔子早就强调过，礼乐的作用大于刑罚。"道之以政，齐之以刑，民免而无耻。道之以德，齐之以礼，有耻且格。"用各种礼仪规范约束人民，人民不仅有礼义廉耻，还能规范好自己的言行。乐是和礼搭配的一套仪式，什么等级身份听什么样的乐器演奏，让每个人都不越级。

遵守乐，社会等级稳定；遵守礼，人人都是君子。那么，天下也就好治理了。所以，哪怕汉朝已经从秦朝继承了很多法律，但礼乐仍是他们辅助治理的重要工具。汉武帝的时候，《公羊传》学派的儒家兴盛，甚至用上了"春秋决狱"——以《春秋》里孔子的意思来判案。

图书在版编目（CIP）数据

史记来了！：司马迁带你读史记. 肆，秦朝、西汉.
1 / 大梁如姬著；李玮琪，李娅绘 . -- 北京：海豚出
版社，2024.10（2025.7 重印）. -- ISBN 978-7-5110-7127-9

Ⅰ. K204.2-49

中国国家版本馆 CIP 数据核字第 2024J9Q633 号

史记来了！ ——司马迁带你读史记

肆 秦朝、西汉①

出 版 人：王　磊
总 策 划：宗　匠
执 行 策 划：宋　文
监　　制：刘　舒
撰　　文：大梁如姬
绘　　画：李玮琪　李　娅
装 帧 设 计：玄元武　侯立新
责 任 编 辑：杨文建　张国良
责 任 印 制：于浩杰　蔡　丽
法 律 顾 问：北京市君泽君律师事务所　马慧娟　刘爱珍

出　　版：海豚出版社
地　　址：北京市西城区百万庄大街 24 号　　邮　编：100037
电　　话：（010）65569870（销售）　（010）68996147（总编室）
传　　真：（010）68996147
印　　刷：北京博海升彩色印刷有限公司
开　　本：16 开（787 毫米 ×1092 毫米）
印　　张：37.75
字　　数：280 千
印　　数：20001-30000
版　　次：2024 年 10 月第 1 版
印　　次：2025 年 7 月第 3 次印刷
标 准 书 号：ISBN 978-7-5110-7127-9
定　　价：218.00 元（全 5 册）